KB010733

삶의 디딤돌

삶의 디딤돌

초판 인쇄 2018년 3월 20일
초판 발행 2018년 3월 25일

이봄비 엮음

펴낸곳 문지사
등록 제25100-2002-000038호
주소 서울특별시 은평구 갈현로 312
전화 02)386-8451/2
팩스 02)386-8453

ISBN 978-89-8308-251-0 (03810)

값 13,500원

삶의 디딤돌

이봄비 엮음

문지사

C O N T E N S

1 — 시간의 끝에 당신과 나의 삶이 매달려 있다

2 — 삶을 통해 얻어지는 것이 행복이다

3 — 인간은 외딴 섬처럼 존재할 수 없다

4 — 삶은 깊은 집중의 시간이다

5 — 삶에는 행복과 불행이란 두 얼굴이 존재한다

1

시간의 끝에 당신과 나의 삶이 매달려 있다

삶이란
빈 곳을 채워주는 순리이다.
진정한 삶이란
강물의 모습과 같은 것이다.
그것은 끊임없이 변화한다.
잠시도 쉬지 않고 움직인다.
어떤 때, 그것은 여름처럼 강렬하다.

우리의 삶이란
인생을 즐기고 축하하기 위해서 있는 것이다.
삶은 시장의 상품과 같은 것이라기보다는
한 편의 시와 같은 것이다.
삶은 하나의 노래
하나의 춤이다.

– 라즈니쉬 〈삶〉

나 한 사람의 의미

무슨 일에 있어서나 나 자신을 기준으로 생각하고 행동하는 경우가 대부분이다. 세계 평화나 인류 평등을 부르짖는 사람도 그 출발점은 자기 자신이다.

때로는 혼자 살아야겠다고 세상으로부터 도피해 보지만, 결국은 현실로 되돌아와 대중 속에서 다시 뿌리를 내리는 고단한 삶이란 작업을 수행해야 한다.

삶의 바다에서 표류자 로빈손 크루소처럼 나 혼자만이 절망이란 섬에 갇혀 있다면 단, 며칠도 보내기 어려울 것이다. 이렇듯 인간의 생활은 알게 모르게 서로 도움을 주고 받으며 생활의 터전을 가꾸고 있는 것이다.

링컨은 한 사람의 의미를 이렇게 말했다.

"진정으로 내가 바라는 목적이 있다면, 내가 존재함으로써 이 세상이 더 좋아졌다는 사실을 깨닫는 일이다."

내가 존재함으로써 내 가정, 내 직장, 내 나라가 더욱 향상될 수 있다면, 나는 무엇을 해야 할까 한 번쯤 생각해 볼 일이다.

∨∨∨

작은 인생론 | 시간의 끝에 당신과 나의 삶이 매달려 있다

우리는 자신의 삶을 위해 많은 시간을 요구하고 있습니다. 그렇기 때문에 흘러가는 청춘의 시간을 잠깐 동안이라도 연장시키고 싶어합니다. 노쇠의 빛이 다가오는 것을 잠시나마 멈추게 하고 싶은 것입니다. 자신의 인생이 끝나기 전 몇 해만이라도 더 삶을 연장하고 싶은 것입니다.

그러나 따지고 보면, 이미 소모된 건강과 정력 속에서 몇 해만이라도 더 살았으면 하는 길지도 않은 생명의 연장을 애타게 생각하고 있을 뿐입니다.

몇 해가 아니라, 몇 세기를 산다고 하여도 과연, 우리는 행복한 삶을 살고 있다고 믿으시겠습니까. 아니면 의학의 발달로 하여 인간의 수명이 몇 번 더 연장되고 청년기가 몇 백 년 계속되고 이어 수백 년을 더 살 수 있다고 한다면, 그 긴 인생을 사는 동안 우리는 무엇을 할 수 있겠습니까?

우리의 이상과 관심, 오락과 사업, 부귀와 명예, 희망과 공포에 대해서 그 새로운 시간은 무엇을 의미한다고 말할 수

있겠습니까?

우리는 그 시간을 죽(kill)일 수가 없습니다. 시간을 보낸다는 것은 중요한 문제가 아닙니다. 미래가 영원하게 보일 때라도 우리는 미래만을 위해서 살 수 없습니다. 미래가 그토록 길게 연장되므로 시간을 무의미하게 낭비한다는 것은 오히려 짧은 생의 종말보다 더 괴로운 일이 될 것입니다.

이렇듯 견디기 힘든 권태에서 피할 수 있는 길은 오직 한 가지 방법 밖에 없습니다. 즉 자기 자신으로부터 벗어나는 일입니다.

우리를 구제하는 유일한 방법은 망아忘我의 경지에 이르는 길입니다. 존재의 세계와 하나가 되는 우리의 생명을 존재의 일부로 삼는 것입니다. 우리의 맥박이 존재의 맥박과 혼연일체가 되게 하는 것입니다.

그렇게 함으로써 우리는 현재와 더불어 살아가게 되는 것입니다. 그러나 우리가 진실된 삶을 영위할 수 있는 유일한 시간은 다만, 현재라는 것을 인정하는 점에서 부분적으로는 옳다고 보아야 할 것입니다.

이 짧은 생존의 시간을 헛되이 보내지 않고 도피하려고 하는 것만 제외시킬 수 있다면, 우리는 가장 행복하고 가장 자기다운 삶을 산다고 말할 수 있을 것입니다.

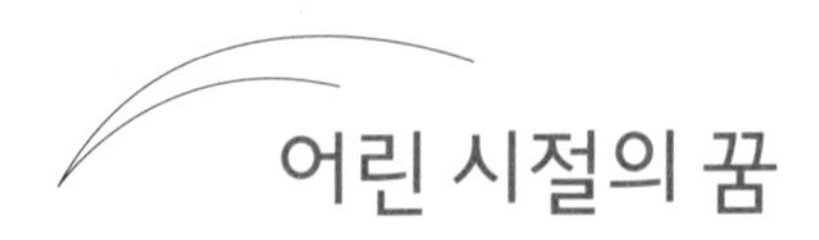

어린 시절의 꿈

'어린 시절의 추억은 귀중한 보물 창고'라고 시인 릴케는 말했다. 어린 시절에 어떤 경험을 했고, 어떤 교육을 받았느냐가 그 사람의 일생을 좌우한다는 것을 스스로의 삶을 통해 깨닫는다.

슐리만이라는 소년은 아홉 살 때 아버지로부터 고대 그리스의 트로이라는 도시가 땅 속에 묻혀 있다는 이야기를 전해 듣고 자기만의 꿈을 간직하였다.

소년은 이 때부터 전설의 땅일지도 모를 그 유적을 찾아보겠다는 결심을 굳게 마음속에 담았다. 그러나, 부모님이 돌아가시고 병까지 얻게 되어서 좀처럼 자금이 마련되지 않았지만, 포기하지 않고 여러 가지 직업을 전전하면서 유적 발굴을 위한 준비 자금을 모았다.

그리고 틈만 나면, 역사나 고고학에

대한 공부를 게을리하지 않았다.

드디어 마흔 네 살이 되었을 때 발굴 작업에 착수하여 땅 속 7미터나 되는 곳에서 그 옛날의 성벽을 발견하자, 어린 시절의 꿈이 역사상의 위대한 업적으로 이루어지는 순간이었다.

∨∨∨

작은 인생론 | 우리의 어린 시절은 신神의 시간이다

아, 아! 나의 청춘은 아름다운 나날이었습니다. 그 무렵은 참으로 좋았습니다. 물론 죄나 슬픔도 숨어 있기는 했습니다. 그러나 그것은 틀림없이 행복한 세월이었습니다. 그 무렵의 나처럼 술을 마시고, 춤을 추고, 사랑을 나누고, 매일 밤을 칭송한 자는 그리 많지 않을 것입니다.

하지만 그 때에, 그 정도로 끝냈어야 했습니다. 그 후로는 다시 그런 행복한 시절은 오지 않았습니다. 그것이 내 젊음의 마지막이었습니다.

젊을 때 노력하지 않으면

젊을 때는 세월의 빠름을 느끼지 못하다가 나이가 들어가면서 "이제까지 나는 무엇을 했던가?" 하는 회한의 염念을 품는 사람이 대부분이다.

그래서 '소년은 늙기 쉽고, 학문은 이루기 어렵다(少年易老學難成소년이로학난성 : 논어)'는 말씀이나,

'젊을 때 노력하지 않으면 늙어서 후회와 슬픔을 맛보리라(少年不努力소년불노력 老大徒傷悲노대도상비 : 고문진보)' 하는 말을 되새겨 보게 된다.

젊을 때의 노력은 나이 들어서 하는 노력보다 시간적으로도 유리할 뿐만 아니라, 젊음만이 누릴 수 있는 장점 때문에 성과도 빨리 나타난다. 업종에 따라 다르지만, 업적을 올릴 수 있는 나이는 스물 다섯 살에서 마흔 살까지라고 한다.

젊음에는 다음과 같은 장점이 있다.

1. 창의력이 풍부하다. 고정관념이 적고 자유분방한 사고를 할 수 있으므로,

2. 건강과 활력이 넘친다. 시간이 걸리는 일이나 체력을 필요로 하는 일도 해 낼 수 있으므로,

3. 꿈과 야심이 있다. 성취하고픈 욕망, 성공하고픈 욕망이 그 어느 때보다 강한 때이므로,

4. 자기 자신에 집중 투자할 수 있다. 자기 자신 이외의 문제(가족, 자녀 교육 등)에 시간이나 능력을 빼앗기는 일이 적으므로,

5. 행동력이 있다. 자기 이외의 문제에 구애 받는 일이 적고 활력이 있으므로,

"나는 대기만성형大器晩成形이야." 하지 말고 이러한 장점을 살리면서 뚜렷한 목표와 끈기만 가진다면 성공은 바로 자신의 것이 된다.

∨∨∨

작은 인생론 | 청춘은 삶의 아침이다

행복이란 꿈속의 위안과 같은 황홀한 비밀로 이루어져 있습니다. 즉, 상상할 수 있는 모든 것을 동시에 체험하고 내면과 외면을 유희하듯 교체하며 시간과 공간을 무대장치처럼

꾸며놓을 수 있는 자유로 이루어져 있는 것입니다. 행복을 체험하기 위해서는 무엇보다도 시간으로부터의 탈출, 또한 두려움과 희망으로부터의 해방을 필요로 하고 있음을 이해해야 합니다.

그러나 대다수의 사람들은 세월의 흐름과 더불어 이러한 능력을 스스로 상실해 버린 나머지 고통의 슬픔에 빠집니다.

꿈을 실현시킬 수 있는 방법

언젠가 경향신문「미주알 고주알」에 '꿈을 실현시킬 수 있는 방법'이라는 제목의 다음과 같은 글이 있었다.

한 사람이 파티에 참석했다. 파티가 한창 무르익었을 때, 그는 자신의 마술 솜씨를 보여주겠다며 준비해 온 도구를 손님들 앞에서 펼쳤다.

그는 능숙한 솜씨로 빈 보자기 속에서 예쁜 파랑새 한 마리를 꺼내 보였다. 그는 계속해서 카드와 접시를 이용한 몇 가지 재주를 더 보여서 손님들을 즐겁게 했다.

그의 멋진 마술 시범이 끝났을 때 사람들은 열렬한 박수로 보답했다. 이때 한 부인이 그에게 다가와, 자신의 파티에도 참석해 줄 것을 요청했다. 그는 기꺼이 응했다.

그리고 1주일 후 그 파티에 참석했다. 상견례가 끝나고 흥겹게 파티가 무르익자, 그는 그 여주인에게 바이올린을 한 번 연주해 보겠다고 말했다.

"당신은 마술이 전문 아닌가요?"

"예, 그것도 조금은 할 줄 압니다."

그는 이렇게 대답하며 가져온 바이올린을 꺼내 연주를 시작했다. 그런데 그의 연주 솜씨는 놀랄 만했다. 신기에 가까운 그의 연주가 끝나자 모든 참석자들은 기립 박수를 보냈다.

이 날 바이올린을 연주했던 사람은 20세기 전반을 대표하는 바이올리니스트의 거장 F.크라이슬러(1875~1962)였다.

무슨 비결로 그렇게 여러 재주를 가졌느냐는 질문에 그는 이렇게 대답했다.

"어떤 일도 원리는 같습니다. 끝없는 관심, 지속적인 노력, 그리고 이루고자 하는 열망입니다. 이렇게 해서 첫번째 일이 성취되면 자신감을 얻습니다. 그러면 두 번째 일부터는 그 경험까지 살려 전보다 더 쉽게 이뤄집니다. 보기에 전혀 달라 보이는 두 개의 일도 사실은 반드시 서로 깊은 관계가 있습니다. 문제는 첫번째 일을 완벽하게 처리하는 것이죠."

∨∨∨

작은 인생론 | 사랑을 준비하는 기다림이 행복이다

행복이 우리가 원하는 최상의 것이라면, 그것은 직접적인

추구의 대상이 될 수 없습니다. 왜냐 하면 우리는 쾌락만을 찾아서 행동하기 때문입니다. 그러나 행복만을 추구한 결과에 따라 쾌락 대신에 비애를 만나는 경우도 있을 것입니다. 그러므로 행복만을 추구할 수 없는 것이 삶의 방정식입니다. 만일 우리가 행복을 발견한 경우라면 다른 목적을 추구함으로써 행복을 만나게 되는 것입니다.

만일 어떤 행복이 당신을 기다리고 있다면, 당신은 또 다른 대상을 반드시 갈망하게 됩니다. 우리 인간은 행복을 가지기 위해 노력하고, 또 그것을 얻기 위해 인내하는 것이므로, 우리는 행복을 잊음으로써 행복을 얻을 수 있다는 현명한 대답을 찾을 수 있습니다.

하루가 모이면

'티끌 모아 태산'이라는 속담은 재물을 비롯한 물질적인 것만이 아니라 생활 습관에 대해서도 말할 수 있을 것이다.

그래서 하루 하루의 좋은 행동이 모이면 좋은 습관이 되고, 좋은 습관은 성공적인 인생을 만들 수 있다.

'하루의 참된 행위가 운명을 만든다'는 말도 있듯이 매일 조깅을 해서 건강을 유지하는 것도 좋은 예이고, 매일 조금씩 외국어를 공부해서 유창하게 회화를 할 수 있게 되는 것도 마찬가지다.

이처럼 우리의 사회 생활에는 작은 듯 보이면서도 조금씩 쌓여서 큰 업적이 되는 것이 많다는 것을 발견하는 것도 삶의 지혜이다.

VVV

작은 인생론 | 하루하루가 삶의 디딤돌이다

하루 하루가 계속되고 우리의 삶을 위해 또 다른 날들이 이어집니다. 그리하여 수많은 아침과 저녁이 반복됩니다. 그와 함께 혼수상태에서 벗어나지 못한 채 아침이 되기도 전에 일어나야 하는 새벽이 있습니다.

오! 잿빛 아침.

내 영혼은 휴식도 없이 지칠대로 지쳐 불면의 잠에서 깨어나면 열병을 앓는 사람처럼 더 깊은 잠을 원하면서 죽음의 순간을 느끼는 아침이 기다리고 있습니다.

내일이 없다면

"내일, 세계의 종말이 온다고 해도 나는 오늘 사과나무를 심겠다."고 한 스피노자의 말은 너무나 유명하지만, 내일이 아니라, 만일 오늘 세계의 종말이 온다고 하면, 우리는 지금 무엇을 해야 할까.

친구들과 술이나 실컷 마시겠다. / 있는 돈을 전부 쇼핑하는데 쓰겠다. / 식구들과 맛있는 음식을 배불리 먹겠다. / 애인을 만나겠다. / 자선사업을 하겠다. / 기도를 하겠다. / 마지막으로 효도를 하겠다….

이 정도의 희망은 고사하고 너무 막막해서 정신 이상이 되는 사람도 있지 않을까. 흔히들 내일이면 어떻게 되겠지 하는 막연한 생각을 하면서 뒤로 미루는 사람도 있겠지만 내일이 없다고 생각하고 보면 뜻 있는 일을 하겠다는 사람과 과소비와 퇴폐적인 일을 하겠다는 사람으로 나뉠 것이다.

그리고 하고 싶었던 일을 어제까지 마치지 못한

사람은 통한의 눈물을 흘릴지도 모른다.

그래서 클리라는 사람은 이런 말을 했다.

“내일은 어떻게 되겠지… 하는 생각은 바보짓이다. 오늘조차도 너무 늦은 것이다. 어제까지 일을 끝낸 사람이 현명한 것이다.”

만일 내일이 없다면, 우리는 무엇을 해야 할까.

∨∨∨

작은 인생론 | 당신은 새벽빛으로 영혼을 씻는 순례자이다

돌아오지 않는 아침을 탄식해서는 안 됩니다. 그것은 이미 당신에게 미소를 보냈기 때문입니다. 또 대낮을 원망해서도 안 됩니다. 당신은 벌써 그 태양을 즐겼기 때문입니다.

서 있고 싶다는 사람에게 의자를 내밀어서는 안 됩니다. 모든 노력은 그날의 시간에 따라 판단하는 것입니다. 당신이 언제 어떻게 죄를 범했는지에 대해 생각하지 않고 타인의 죄에 대해서만 엄격해서는 안 됩니다. 우리에게는 잘못한 자, 넘어지는 자를 관용으로 바라보는 따뜻한 눈길이 필요합니다. 저녁에 이르는 것이 무엇을 의미하는지 당신은 이미 알고 있습니다.

저녁에 차려지는 커다란 기쁨은 내일에 대한 확신을 주는 행복입니다.

희망은 인내의 꽃

요즘 우리 나라의 젊은이들은 너무나 어둡고 음울한 시간을 보내고 있다. 그들의 벅찬 희망에 가슴을 부풀리며 마음껏 일할 수 있는 직장이 많지 않은 것이 현실이다.

그러나 상기해 보라. 어느 시대에도 그 나름대로의 어려움은 있었다. 성공한 사람들 역시 가정의 고민, 건강상의 고통, 직업이 주는 어려움, 그밖에 여러 가지 불면의 밤에 봉착해서 실패하고 패배하는 아픔도 겪어야 했으며, 그 고뇌의 밑바닥에서 자기 자신을 강하게 단련시켜서 끝내는 이겨냈음을 우리는 알고 있다.

우리 인간을 아름답고 깊이 있는 인격자로 육성하는데는 시련 밖에 없다. 따라서 주위 환경이 나쁘고 나라의 경제와 정치가 잘못되었다고 비난만 할 것이 아니라, 스스로 나쁜 환경 속으로 용감하게 뛰어들어 어디가 어떻게 잘못된

것인가를 파악해서 그 장애물을 제거하고 다시 시작하는
단계까지 끈기있게 매달리는 성실성과 노력을 가질 때
자기 자신은 물론 사회나 나라의 희망이 보인다.

∨∨∨

작은 인생론 | 삶은 선택이다

인생에는 수많은 갈림길이 있고, 당신의 선택에 의해 운명이 주어집니다. 또한 당신에게는 기회를 찾아볼 수 있는 능력이, 그것을 이용할 수 있는 능력이 있습니다.

당신이 자신의 운명을 선택할 수 있는 능력을 가지고 있다는 것을 깨닫는 일은 매우 중요합니다. 만약 지금의 처지가 불만족스럽다면 그 상황을 바꾸는 것도 당신의 능력입니다.

물론 당신은 자신의 삶을 변화시키는 것을 선택하지 않을 수도 있겠지만, 그렇게 되면 불만족한 생활 영역에서 한 발작도 벗어날 수 없습니다. 오로지 삶의 선택은 당신만이 할 수 있는 능력의 지혜이며, 힘입니다.

걷는 자만이 앞으로 나갈 수 있다

처음 시작하는 일에는 실패가 따르기 쉽다. 그렇다고 실패를 두려워 해서는 아무런 일도 할 수 없다.

아기가 기기 시작하면 서기를 바라고, 서면 걷기를 바라는 것이 부모의 마음이다. 몇 번씩 넘어지면서 걷는 방법을 배우고, 드디어 뛰는 모습을 보면 감동을 느낀다.

'인간은 이렇게 성장하는 것이로구나.'하는 소박한 진리를 어린애를 통해 깨닫게 된다.

영국의 소설가 올리버 골든 스미스는 이렇게 말했다.

"가장 영광된 삶은 한 번도 실패하지 않는 일이 아니라 넘어질 때마다 다시 일어선다는 신념이다."

일곱 번 넘어졌다가도 여덟 번 일어나는 오뚝이처럼 되어야 인간은 굳세지고 불굴의 성공인이 될 수 있다는 것이다.

그런데 실패의 원인 가운데 대부분은 자만심, 교만함, 태만, 유비무환의 결여, 자신을 견제하지 못하는데 있다.

그러나 실패를 했더라도 바로 일어설 수 있는 의지와 용기를 성공의 디딤돌로 삼는 지혜가 필요하다.

∨∨∨

작은 인생론 | 행복은 들꽃과 같은 것이다

강기슭에 물결 치는 갈대숲, 그 숲 속에 트인 꿈같은 빈 터, 나뭇가지 사이로 숨은 듯 나타나는 연초록 들판. 시골 학교의 복도만큼이나 적막한 산길을 걸어가면 그때 갑자기 눈앞에 마술처럼 펼쳐지는 화려한 봄의 모습. 거기에 한 줌의 행복이 들꽃처럼 피어 있었습니다.

한 번쯤은 위를 보며 걷자

두 어깨를 활짝 펴고 고개를 높이 쳐들어라. 하루에 한 번쯤은 위를 보며 걷자. 그러면 한 그루의 나무나 최소한 눈높이 만큼의 푸른 하늘을 어디에서나 볼 수 있으리라. 그렇다고 푸른 하늘만을 염원할 필요는 없다. 어떤 방법으로도 우리는 밝은 태양의 빛을 자유로이 향유할 수 있지 않겠는가.

매일 아침 한순간만이라도 하늘을 올려다보는 일상의 습관을 갖도록 하라. 그러면 당신은 신선한 대기를 마음껏 호흡할 수 있는 만족감을 느낄 것이다.

이러한 마음가짐으로 하루를 맞이하고 보내게 될 때, 당신은 그 나름대로의 모습으로 자기만의 특별한 광채를 지니고 있다는 사실을 깨닫게 될 것이다.

사소한 것을 소유함으로서 즐거움을 얻을 수 있다는 겸손한 생각은 삶의 지평을 여는 한순간의 행복이다.

당신의 삶이란 갈채 없는 무대에서 무엇을 연출해야 할 것인가를 잠시 망설이며 하루를 마감하는 시간의 표정과 같다.

∨∨∨

작은 인생론 | 삶의 작은 열매가 행복이다

세상의 잡다한 일까지 모두 잊게 하는 짧은 안식이 있는 동안 신으로부터 허락 받은 삶의 모든 시간들, 그것은 고독한 방랑이었으며 바람과 같은 순간들이었습니다. 보잘 것 없는 작은 행복이, 혹은 욕망 없는 사랑이 어제도 오늘도 나에게 휴식을 베풀어 주었습니다. 또한 그것은 내 삶에 있어 하나의 위안이었고 기쁨이기도 했습니다.

이는 내 어린 날의 푸른 초상을 통해 꿈꾸며 방황하던 열정의 모습을 서로 비교해 보는 것보다 더 아름다운 이야기였음을 나는 미처 알지 못했습니다. 이는 적당히 휴식을 취하고 최고의 즐거움으로 내 삶을 오랫동안 사랑해 온 것이라고 말할 수 있을 것입니다.

나를 위한 십계명

1. 나 자신을 가장 소중하게 생각한다.
2. 나 자신의 시간을 즐긴다.
3. 나 자신을 다른 사람과 비교하지 않는다.
4. 나 자신의 일에 책임을 진다.
5. 나 자신의 실수를 용서한다.
6. 나 자신을 위한 반성의 시간을 갖는다.
7. 나 자신을 칭찬하고 좋은 점만을 의식한다.
8. 나 자신의 건강을 스스로 돌본다.
9. 나 자신은 반드시 행복해진다고 믿는다.
10. 나 자신이 바라는 인생을 힘차게 살아간다.

VVV

작은 인생론 | 인생은 멀고 긴 항해이다

인생은 멀고 긴 항해입니다. 항해를 하는 동안 당신은 갖가지 체험과 난관에 부딪칠 것입니다. 밝고 즐거운 나날에 몸과 마음을 맡겨 두었는가 하면 폭풍의 밤에는 신음할 것입니다.

때로는 고독한 해안을 지났는가 하면 바다에 갇혀 있는 절망의 섬을 지나는 일도 있을 것입니다. 그리고 하늘의 목소리를 찾으면서 암초에 올라선다든지 파도가 소용돌이치는 곳에서 조난을 당하는 일도 있을 것입니다.

아니면, 당신은 우정과 동정의 갈림길에서 방황하기도 할 것입니다. 그런가 하면 당신은 자신의 마음속에서 불타고 있는 불길을 이해하게 될 것입니다. 고통과 질병의 항구에 몸을 맡기지 않으면 안 될 때가 올지도 모릅니다.

칠흑같은 밤에 무서운 폭풍우가 지나가고 몇 천 갈래로 찢어진 돛과 쓸모없이 되어버린 배가 닻을 내리려고 한다면, 그때 희망의 깃발을 마스트 위해 높이 올리십시오. 밝아오는 여명을 위해서….

인생은 사람들이 말하는 것처럼
어둡기만 한 것은 아닙니다.
아침에 내리는 비는
빛나는 오후를 선물합니다.

때로는 어두운 구름이 몰려오지만
금방 지나갑니다.
소나기가 와서 장미꽃을 피운다면
소나기가 내리는 것을 슬퍼하거나 미워할 이유가 없습니다.
인생의 즐거운 순간은 그리 많지 않습니다.
반가운 마음으로 그 시간을 가지면 됩니다.

가끔 죽음이 찾아와
제일 좋아하는 사람을 데려간다 하더라도
슬픔이 승리하여
희망을 짓누른다 하더라도 어떻습니까.

– 샬롯 브론티 〈인생〉

인생의 목표

크건 작건 우리에게는 목표가 있고, 공동의 목표, 개인의 목표가 있을 것이다.

"목표란 달성되기 위하여 있는 것이다."

하고 큰 소리로 장담하는 사람이 있는가 하면 목표 설정을 하지 않은 채 막연한 상태로 허송 세월을 보내는 사람도 있다.

프랑스의 작가 겸 평론가였던 앙드레 모로아는,

"인생을 영위하는 기술은 하나의 공격 목표를 정하고 거기에 힘을 집중하는 일이다."

라고 말했다.

모로아는 제2차세계대전 직전 미국으로 건너 가서 프린스턴 대학에서 강좌를 맡은 적이 있었는데, 대학에서 계속해 강의를 맡아 달라고 부탁을 했지만, 위험에 처한

조국으로부터 떨어져 있을 수 없다 하여 귀국을 했던 사람이다.

모로아는 역사상에 큰 업적을 남긴 인물을 연구하여 그들에게는 모두 특이한 공통점이 있다는 것을 발견했다.

그것은 곧, 자기의 인생에 대해 명확한 목표를 정하고 그 한 가지 일에 전력을 다 했다는 것을 증명한 것이다.

평범한 사람에게는 목표를 세우는 것이 쉬운 일이 아닐지도 모르지만, 그러나 역사상의 위인이 되기 위한 목표가 아니었다는 사실에 더 가치가 있음을 보여준다.

그래서 큐벨이라는 사람은,

"목표란 반드시 달성되기 위해서 세워지는 것이 아니라, 표준점의 구실을 하기 위해서 세워지는 것이다."

라고 말했다.

지금 우리 앞에 있는 해결해야 할 과제도 목표이고 어떤 기간까지 성취해야 할 골Goal도 목표이다.

수험생에게는 합격의 목표가 있고, 내 집 마련을 꿈꾸는 사람에게는 집 한 채가 목표가 될 것이다.
이렇듯 공동의 목표이건, 개인의 목표이건, 우선 목표를 세우는 것이 인생의 출발점이다.

그리고 그 목표 달성을 위한 수단과 방법을 총동원해서 목표에 도달하는 것이 우리의 삶의 목표가 된다.

'인생의 목적은 지식이 아니고, 행동(올더스 혁슬리)'이다.

VVV

작은 인생론 | 작은 만족은 삶의 표정이다

나의 내면은 생동의 봄으로 가득 차 있어서 인생의 빛과 그림자, 생활의 풍요로움과 궁핍, 이 모든 것이 청춘의 메아리처럼 느껴집니다. 때때로 나는 예감할 수 없는 벅찬 감동에 불타오르기 때문에 그 뜨거운 열정을 다른 사람에게 전해 주고 싶은 갈망은, 마치 꽃 한 송이를 남에게 건네 줄 때의 작은 만족감 같은 느낌을 행복이라고 말하고 싶습니다.

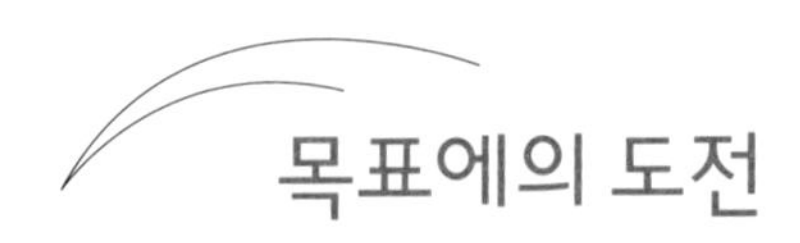

목표에의 도전

사람들은 누구나 "아무 일도 하지 않고, 아무 지시도 받지 않고, 아무 목표도 없이 놀고 먹을 수만 있다면 얼마나 좋을까?"하는 생각을 해본 적이 있을 것이다.

일을 하지 않고도 살아갈 만큼 경제적 여유가 있다면, 어떤 일이 벌어질까? 잠이나 실컷 자겠다는 사람, 좋아하는 운동이나 하겠다는 사람….

사람마다 희망은 다르겠지만, 그런 일을 계속한다고 해도 과연 며칠을 지탱할 수 있을까.

잠은 건강이나 휴식을 위한 것이지 그 자체가 삶의 목표는 아니다. 계속해서 잠만 자면, 오히려 식욕도 잃고 건강도 잃고 지루함 때문에 병이 날 지경에 이를 것이다.

그렇다면 등산이나 운동은 왜 하는 것일까? 건강을 위해서 싫지만 하는 사람이 있는가 하면, 산정을 정복하는 기쁨, 실력이 향상되어서 경쟁에서 이기는 기쁨, 금메달을

목에 걸고 인기와 명예를 누리고 싶은 욕망, 우리의 삶도 등산이나 운동과 마찬가지로 정상을 정복하기 위해서는 남보다 더 많은 땀과 노력이 필요하다.

나태해지는 자신을 채찍질하면서 정상이라는 목표, 금메달이라는 목표를 향하여 매진하는 것처럼 목표에 도전한 데에서 행복을 찾아야 올바른 인생의 승자라 할 것이다.

∨∨∨

작은 인생론 | 지혜의 등불을 켤 때 삶의 아침이 온다

만일 당신이 아침부터 지쳐있다면 급히 마음속에 하나의 등불을 켜십시오. 주저하거나 망설여서는 안 됩니다. 또 누군가 등불을 켜 줄 것이라고 기다려서도 안 됩니다. 내일 찾아오는 삶의 추위에 얼어 죽는 일이 없도록 당신의 추운 영혼 속에 하나의 불씨를 놓아두십시오. 불타오를 줄 모르고 위축된 마음만큼 더 슬픈 것은 없습니다.

열정없이 당신은 아침을 보내고 정오를 맞이한다면 저녁이 되어서도 삶을 이해했다고는 생각되지 않습니다. 산다는 것은 사랑과 괴로움, 봉사와 희생을 통해 영웅, 천재, 그리고 성인들은 이 등불을 켜 들고 살았습니다. 그리하여 인류는 자신의 마음에 등불을 밝힌 인물들의 희생으로 진보한 것입니다.

삶에는 공식이 없다

한 그루의 나무가 자라기 위해서는 적당한 땅과 공간, 햇볕과 수분이 필요하듯이 인간이 삶을 영위하려면 생존 조건이 반드시 갖추어져야 한다.

한편 기회 포착에 대한 능력이 부족하면 삶의 길을 잃어버리거나 낙오자로 추락한다. 설사 좋은 기회를 얻게 되더라도 한순간의 결정적인 선택이 인생의 모든 것을 좌우한다.

이렇게 삶을 통해 얻어지는 성공과 실패는 자신과의 싸움에서 쟁취한 결과이다. 그러므로 삶에는 공식이 없다.

∨∨∨

작은 인생론 | 완성된 삶은 행복의 빛깔이다

풍경의 끊임 없는 변화는 행복의 모든 형식을, 그것들이

지닐 수 있는 명상과 슬픔의 형태를 알지 못하고 있다는 사실을 보여줍니다.

소년 시절, 시골의 낯선 들판을 헤메이면 가끔 알 수 없는 슬픔에 잠기곤 하던 그 때의 낯선 시간 속에서 갑자기 내 어린 영혼이 어디로인가 떠나가는 아픔을 기억하고 있습니다.

이제 성년이 되어 느끼는 슬픔은 낯익은 풍경으로 조금씩 모습을 완성시키며 생활 속으로 흡수되면, 비로소 나는 완성된 슬픔을 흐뭇하게 바라보며 행복의 빛깔을 알 수 있었습니다.

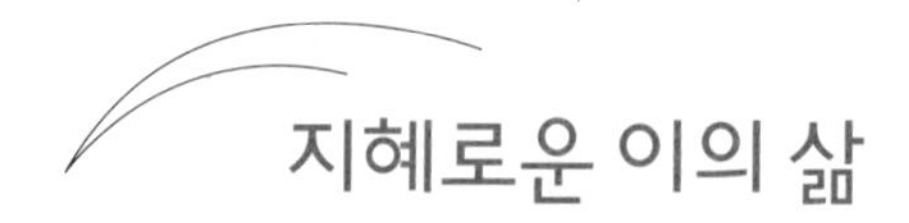

지혜로운 이의 삶

지금 유리하다고 해서 교만하지 말고
불리하다고 비굴하지 말라
무슨 말을 들었다고 가볍게 생각하지 말고
그것이 사실인지 깊이 생각하여
이치가 명확할 때 과감히 행동하라.

벙어리처럼 침묵하고 임금처럼 말하며
얼음처럼 냉정하고 불처럼 뜨거워져라
태산 같은 자부심을 갖고
때로는 누운 풀처럼 자신을 낮추어라.

역경을 잘 참아내고
형편이 좋아졌을 때를 조심하라.
재물을 오물처럼 볼 줄 알고
터지는 분노를 잘 다스려라.

때로는 마음껏 풍류를 즐기고
사슴처럼 삶을 두려워할 줄도 알고
호랑이처럼 무섭고 사나운 행동을 보여야 한다.

∨∨∨

작은 인생론 | 가지고 싶은 기쁨, 거기에 삶의 길이 열린다

우리의 일상생활에는 기쁨이 절대적으로 필요합니다. 우리의 정신은 물론 육체적으로도 건강과 활력을 유지해 나가기 위해서는 기쁨이 필요합니다. 그러므로 작은 일을 통해서라도 기쁨을 갖기 위해서는 성실한 노력이 필요합니다.

하지만, 당신이 현명하다면 영속적인 기쁨은 언제라도 얻을 수 있으며, 결코 부정할 수 없는 참된 기쁨을 찾아야 합니다. 자책이나 후회가 따르지 않는 기쁨을 찾아야 합니다. 그러나 이 세상의 기쁨에는 우리의 선택과는 관계없이 자책과 후회의 감정이 따르게 마련입니다.

그러므로 기쁨만을 추구해서는 안 됩니다. 올바르게 삶을 살면 기쁨은 기적처럼 찾아오는 신기루와 같은 것입니다. 이 세상에서 가장 단순하고 비용이 들지 않는 필요에 따른 기쁨이 최상의 행복입니다.

확실한 삶의 처방

사무엘 울만이라는 미국 앨라배마의 지방 유지가 80세의 생일을 기념하여 『80년 세월의 꼭대기에서』라는 시집을 펴냈다.

그 책에 실린 '청춘'이란 시가 맥아더 장군의 애송시라는 것이 알려지자 많은 일본의 경영자들 사이에 유행되었다.

그 후 우리나라에서도 경영자들이 애송하기에 이르렀다.

'청춘이란 나이가 아니라, 어떤 마음의 상태'이며, '70세이건 16세이건' 청춘일 수 있다는 것이 시의 내용이다.

그 시집에는 '확실한 인생 처방전'이란 시도 실려 있다.

아침, 눈을 떴을 때
그 날을 시작할 때
이 처방전대로 해보십시오.

확실히 보답이 있을 것입니다.

우선 미소를 지어보십시오. 입술과 눈으로
그리고 "안녕하세요." 하고 말해 보십시오.
그러면 행복해지고 현명해집니다.
친절한 말 한 마디가 당신의 인사를 향기롭게 하고
그날을 달콤하게 합니다.

작은 도움은 어둠을 밝게 하고
부드러운 말은 당신의 얼굴을
밝은 장밋빛으로 빛나게 합니다.
웃음소리는 당신을 낙담시키려는
그림자를 작게 합니다.

자, 이 처방전대로 해보십시오.
그것은 간단하고 쉽습니다.
심은 씨앗을 풍요롭게 거두어
확실히 더 밝은 날이 됩니다.

자 자, 조금만 웃어보십시오.
악수하며 미소지어보십시오.

그 이외의 것은 별로 소용없습니다.
당신이 이 처방전대로 해본다면.
어떻습니까?
확실한가 아닌가를 처방전대로 해보십시다.

∨∨∨

작은 인생론 | 삶의 가책은 인간의 마음을 불안하게 한다

내 남루한 삶의 시간과 나 자신에 대해 절망한다 할지라도, 나는 나의 위치를 지키다가 외톨이가 되고 우스꽝스럽게 된다고 할지라도 삶의 가능성에 대한 경외심을 결코 버리지 않을 것입니다.

양심의 가책이라는 상태는 종교적으로나 심리학적으로 볼 때, 언제나 인간의 마음을 불안하게 합니다. 양심의 재판소, 즉 순수한 생활 본능이 양심과 대립된다는 것은 삶의 방향이기도 합니다.

인생의 소금

미국의 철학자 존 듀이가 90세가 되던 해 후배 젊은 학자와 나눈 이야기를 소개해 본다.

젊은 학자는 철학을 업신여기는 듯이 빈정거렸다.

"그 따위 말장난이 뭐가 좋단 말입니까? 도대체 그게 우리의 인생에 무슨 소용이 있지요?"

그러자 노철학자는 조용히 말했다.

"그건 말일세, 우리가 산을 오르게 하니까 좋은 걸세."

"산을 오르다니요? 그게 내 인생에 무슨 도움이 된다는 말입니까?"

여전히 젊은이는 불평하듯 말했다. 그러자 존 듀이는 젊은이의 무릎에 손을 가볍게 얹으며 말해 주었다.

"산을 오르면 올라가야 할 다른 산이 있다는 걸 알게

되지. 그래서 내려와서는 다음 산을 오르게 되고, 다시 올라가야 할 또 다른 산이 있다는 걸 알게 되는 걸세. 만일 자네가 올라가야 할 산을 보려고 계속해서 산을 오르지 않는다면, 이미 자네의 인생은 끝이라네."

이 비유가 등산 이야기가 아님을 이해할 것이다.

∨∨∨

작은 인생론 | 행복은 꿈꾸는 자의 마음이다

나뭇잎 사이로 속삭이며 내리는 빗소리의 아련함, 안개가 피어오르는 대지의 미미한 향기, 황혼 무렵에 들려오는 고요한 노랫소리, 파도에 흔들리는 외로운 흰 돛단배의 여음, 어둠속에서 보석처럼 반짝거리는 작은 불빛의 화려함. 산 속 호수에 한 폭의 그림처럼 피어나는 보랏빛 안개, 깊은 골짜기처럼 텅 빈 도시의 일요일 거리. 이것이 행복의 마음입니다.

죽음보다 더 요란했던 그 날이
침묵처럼 고요해지고
벙어리가 된 거리의 벽 위에
밤의 어둠이 그물을 내리는 시간
하루의 보상이 찾아오는 꿈을 맞이 하기 위해
나는 정적 속에서
혼자 눈을 뜨고 고민의 장막을 깁는다.
할 일도 없는 무던한 밤
뉘우침의 그림자가 뱀처럼 꿈틀거리고
그 영혼의 빈 집에서 쓸쓸하고 무겁게 짓누르는
부질 없는 공상이 아우성친다.
한편에서는 빛을 잃은 추억이
내 앞에 두꺼운 화첩을 펴고
지난 세월을 덧칠하며 비탄에 잠겨 눈물을 머금는다.
그러나 한번 사로잡힌 내 슬픔은 가실 줄을 모른다.

– 톨스토이『인생독본』에서

혼자만의 시간

노르웨이의 탐험가 난센은 스물 일곱 살 때 그린랜드 560km를 횡단하여 그린랜드가 얼음 벌판으로 되어 있다는 것을 확인했고, 서른 두 살 때는 목숨을 걸고 북극 탐험을 하여 해류에 관한 자기의 가설을 증명하기도 했다.

혹한과 망망한 얼음 벌판과 고독과… 젊은 난센에 있어서 탐험은 자기와의 싸움이자 자연과의 싸움이었다.

어쨌든 그는 성공했고, 후에는 외교관이 되어서 노벨평화상을 받았다.

그가 한 말에 이런 내용이 있다.

"인생에 있어서 가장 중요한 일은 자기를 발견하는 것이다. 그 때문에 혼자서 조용히 생각하는 시간을 가질 필요가 있다."

자기의 능력, 자기의 실력, 자기의 계획, 자기만의 방법… 혼자서 생각해야 할 일들은 너무도 많다.

어떤 세일즈맨은 아무리 바쁘게 돌아다녀도 실적이 오르지 않기 때문에 방법을 바꾸기로 작정하고 일주일의 하루는 혼자 생각하고, 혼자서 계획을 세우는 날로 정하고 실행에 옮겼다.

그 후로 상상도 못하던 실적이 올랐다. 그래서 혼자만의 정리일整理日을 이틀로 늘리자 실적은 더욱 올랐다고 한다.

∨∨∨

작은 인생론 | 당신은 자신의 삶에 만족하고 있는가

당신은 자신의 삶에 만족하고 있습니까? 그렇다면 좀 더 아름답고 풍요하고 따뜻한 삶을 갖고 싶지 않습니까?

그리하여 오랜 방황을 끝낸 다음, 당신은 새로운 여행을 떠나게 될 것입니다. 더 아름답고, 태양이 더 빛나는 다른 나라에서 방황하게 될 것입니다. 그러면 당신의 마음은 한없이 넓어지고 화창한 하늘이 새로운 행복을 가져다 줄 것입니다. 그곳이 당신의 낙원입니다.

그러나 잠깐 기다려야 할 것입니다. 그곳을 칭찬하는 것을. 몇 년, 아니 불과 얼마 안 되는 시간 동안만이라도 최초의 진귀함이 사라져버릴 때까지.

그러면 또 다시 당신은 그리운 산에 올라 당신의 고향이 자리잡고 있는 방향을 찾을 때가 올 것입니다. 고향의 언덕은 그 얼마나 부드럽고 푸르른가. 그리하여 당신은 새로운 삶을 깨닫게 되고 느끼게 될 것입니다.

2

삶을 통해 얻어지는 것이 행복이다

꽃이 피는 것처럼 꽃이 시들고
청춘이 늙듯이
인생의 삶도, 지혜도, 덕도, 모두 그때그때
영원히 존재하지 않는다.
삶의 외침을 들을 때마다
마음은 용감하게, 슬퍼하지 않고
새로운 다른 속박을 받아
작별과 재출발을 준비해야 한다.
일의 시작에는 마력같은 것이 깃들어 있다.
그것은 우리를 지켜주고 살아가게 하는데 도움을 준다.
우리는 이어지는 생의 공간을 명랑하게 뚫고 나가야 한다.
우리가 어떤 생활권에 뿌리를 내리고
마음 편히 살게 되면 탄력을 잃기 쉽다.
새로운 출발과 여행을 떠날 준비가 되어 있는 자만이
습관의 일상에서 벗어나게 될 것이다.
임종의 순간에도 여전히 우리는 새로운 공간으로 향하여
건강하게 보내게 될지 모른다.
우리들이 부르짖는 삶의 외침은 끝나는 일이 없을 것이다.
마음이여, 이별을 생각하지 말고 건강하게 되어라.

– 헤르만 헤세 〈인생의 계단〉

밝은 성격

어떤 사람이 아들을 업고 언덕길을 오르고 있었다.

"너도 꽤나 무거워졌구나."

하고 아버지가 숨찬 목소리로 말하자,

"아버지, 인내와 노력이 인간을 만드는 거예요. 조금만 참으세요."

하고, 어린 주제에 가당찮은 '명언'을 일러드리는 것이었다. 이 당돌한 말에 아버지는 너털웃음을 웃으며 아이를 업고 갔다.

이 똑똑한 꼬마의 이름은 앤드류 카네기였다. 강철왕으로 성공한 뒤에도 카네기가 항상 인용하는 격언이 전해지고 있다.

"밝은 성격은 어떤 재산보다 귀중한 것이다. 성격이란 것은 스스로 다듬을 수 있는 것으로 인간의 마음과 육체도 그늘에서 햇빛 비치는 곳으로 옮겨가지 않으면 안 된다는 점을 항상

기억해 두어야 한다. 곤란한 경우를 당한 때에도 기능한한
웃어 넘겨야 한다. 조금이라도 자기 자신에 대해 생각할 줄
아는 사람이라면 누구나, 그렇게 할 수 있는 것이다."

VVV

작은 인생론 | 꿈속의 위안과 같은 비밀이 행복이다

행복을 체험하기 위해서는 무엇보다도 시간으로부터의 탈출, 두려움과 절망으로부터의 해방이 필요합니다. 그러나 대개의 사람들은 세월의 흐름과 더불어 이러한 능력을 스스로 상실해 버리는 안타까움을 가지고 있습니다.

즉, 상상할 수 있는 모든 것을 동시에 체험하고 내면과 외면을 유회하듯이 교체하며, 시간과 공간을 무대 장치처럼 꾸며 놓을 수 있는 자유로움이 이루어져 있을 때 행복의 모습이 보입니다.

좋은 아침으로 하루를 연다

아침이 상쾌하면 의욕이 넘치고 하루를 즐겁게 보낼 수 있다. 우리 뇌 속에는 많은 신경세포의 회로망이 있어서 상황에 맞는 처리를 한다고 의학계에서 밝히고 있다.

아침에 이 뇌의 활동을 활발하게 해주면 몸도 마음도 상쾌해진다는 것이다. 그래서 아침에 뇌의 상태를 알파(α) 상태로 만드는 법을 소개해 보고자 한다.

1. 눈을 뜨면, 크게 기지개를 켠다. 심호흡을 한다. 마음속으로 "아~, 기분 좋다."고 중얼거린다.

이렇게 하면 '만족 호르몬'이라는 것이 생성되어서 약 10초 동안에 온몸으로 퍼져 나간다.

만일 "아, 피곤하다.", "좀 더 자고 싶다."는 생각을 하면 '부정적인 호르몬'이 생성되어 버린다.

2. 다시 기지개를 켠다. 심호흡을 한다. "아~, 잘 잤다."하고 중얼거린다. 이렇게 하면 만족 물질이 몸 속을 돌고 있으므로 힘이 솟는다. 만일 불면증이나 수면 시간이 부족한 경우는 이런 암시가 더욱 필요하다.

3. 세수를 할 때 거울을 보고 빙긋이 웃는다. "좋아, 오늘도 열심히 뛰자."하고 중얼거린다. 세수를 끝내고도 빙긋이 웃으며, "힘을 내자." 하고 말해 본다.

4. 출근길에서도 앞의 1.2.3의 내용을 마음속으로 확인한다.

5. 아침 인사를 힘차게 한다.

이러한 습관을 몸에 붙이면 생활 자체가 달라지고 인생 자체가 달라진다고 한다. 앞으로 남은 인생은 오늘 아침부터 시작되는 것과 같다는 마음가짐을 가져본다.

매일, 눈을 뜨는 그 시간이 바로 미래로 가는 출발점인 것이다.

∨∨∨

작은 인생론 | 우리는 성공이란 별을 신뢰하는 동반자이다

인생이란 자기 자신이 할 수 있는 삶의 방법과 천명天命을 찾아 추구하고 언덕과 지평선을 발견하고 성공이란 정상을 정복하는 일입니다. 한 사람 한 사람이 삶의 짐을 지고 전진하는 것입니다.

각각 그 길을 찾아서 자기가 일하여 얻은 빵을 맛보는 것입니다. 그럼에도 불구하고 다 같이 똑같은 하늘을 우러러보면서 일상을 반복하고 있습니다.

당신보다 먼저 걸어간 사람의 발자취를 다시 밟아서는 안 됩니다. 왜냐 하면 그 사람이 어딜 가고 싶어했는지, 어딜 갔는지 당신은 알지 못하기 때문입니다. 그러나 한 번 그 친구들과 함께 로프에 묶여서 동반을 시작했다면 다같이 고난과 위험을 겪었을 것입니다. 정복이란 것도 그들과 함께 알았을 것입니다.

우리 인생이 똑같은 본성에 연결되어 있다는 것을 당신에게 알리기 위해서는 하나의 생각, 하나의 눈짓, 하나의 침묵으로 충분합니다. 그렇기 때문에 나는 당신과 함께 걸어가고 있는 삶의 동반자입니다.

시작이 반이다

무슨 일이건 미루기만 하다가 결국은 아무 일도 못하는 사람이 있는가 하면, 그와 반대로 너무 서둘러 시작한 탓으로 큰 실패를 하는 경우의 사람도 있다.

로마의 전설을 보면, 문지기 신으로서 모든 일의 시초를 지배한다고 하는 야누스Janus라는 신이 있다. 신기하게도 이 신은 앞뒤에 얼굴이 있어서 '과거와 미래를 볼 줄 아는 지혜'를 상징하고 있다는 것이다.

무슨 일을 시작할 때 치밀하게 살펴보고 미래를 예측해 보아야 한다는 것은 더 이상 강조할 필요도 없는 상식적인 말이다. 그러나 사람의 일이다보니 이론대로 되지 않는 경우가 더 많다. 마땅히 해야 할 일을 건너 뛰는 경우도 있고 생각이나 경험이 모자라서 불충분하지만, 시작부터 하는 경우도 있다.

어떤 분은 '뛰면서 생각한다.'는 명언을 남기기도 했지만, 우유부단하게 주저하는 쪽보다는 우선, 행동으로 옮기는 데에 뜻을 둔 말이다. 깊이 생각하고 시작하느냐, 우선 시작하고 생각하느냐는 상황에 따라, 사람마다 그 성향이 다르다.

어쨌든 시작하지 않으면 아무 일도 이루지 못한다는 것이다.

∨∨∨

작은 인생론 | 삶을 통해 얻어지는 것이 행복이다

행복은 현실 속에서 가볍게 호흡하는 것, 대자연과 더불어 노래하는 것, 윤무와 더불어 함께 춤추는 것, 신의 안식 속에서 조용히 미소 짓는 것과 같습니다.

대개의 사람들은 일생을 통해 한 번밖에, 또는 두세 번밖에 경험하지 못합니다. 그러나 그것을 한 번만이라도 체험한 사람은 그 순간이 시간의 흐름을 잊어버리는 황홀감이나 그 빛남, 울림을 얼마간은 경험하고 있는 것입니다.

그리고 우리의 삶을 통해 얻어진 진실, 예술가에 의해 받은 위안이나 종교가 주는 밝음의 모든 것, 몇 세기 뒤에도 최초의 날처럼 빛나고 있는 모든 것을 사랑 함으로써 얻어지는 소중한 행복입니다.

일의 즐거움을 깨닫자

직장은 일을 하는 곳이다.

'일'을 한자어로 쓰면 '勞動노동'이 된다. 노동에서
'勞'는 '피곤하다', '힘을 쓰다'의 뜻이 들어있다. 즉
'피곤하게 움직이다.', '힘을 쓰며 움직이다'가 된다.
말뜻 그대로만 보면, 힘든 면만 보인다.

그러나 마음가짐 여하에 따라서 일은 즐거움의 원천이 되기도 하지만. 마지 못해서 적당히 일하고 급료만 많이 받으려는 불순한 노동에는 피로나 사고가 많다는 통계도 나와 있을 정도이다.

그러나 일의 의의를 알고 자신의 의지로서 일하고
노력 속에서 일의 보람과 생의 보람을 찾으려는 사람도 얼마든지 우리 주위에는 많다.

다음의 '인간다운 인간'이란 시를 음미해 보며 일의 즐거움을 깨닫기 바란다.

마지 못해 일하는 사람
그는 소나 말과 무엇이 다른가.
지시 받은 일만 하는 사람
그는 죄수와 무엇이 다른가.
스스로 생각하고 일하는 사람
그는 인간다운 사람이다.
오늘 살아 있는 은혜에 감사하며
가만히 앉아 있을 수 없는 마음의 화산이
일의 모습으로 분출되는 사람
그가 모든 사람 중에 으뜸이 되는 사람이다.

∨∨∨

작은 인생론 | 인생의 꿈은 괴로워하는 자의 안식이다

우리가 추구하는 목표는 너무나 높습니다. 그 목표는 쉽게 도달할 수 없을 만큼 너무 멀리 있습니다. 마침내 뜻을 이루지 못하면 곧 실망하는 것이 인간의 모습이기도 합니다.

이때 인간은 깊은 허무의 벽에 부딪히게 됩니다. 나약한 우리는 도피하려고 하고 망각하려고 합니다. 그러나 자기 자신으로부터 달아나려고 선택한 길은 감각만을 자극시킬 뿐입니다.

하지만, 이러한 자극은 되풀이되는 속성을 가지고 있습니다. 잠시 동안은 해방되어 허망한 만족감을 느끼고 망각의 시간을 가지지만, 그 다음에는 더 쓸쓸해지고 새로운 불안감을 갖게 됩니다.

그렇게 되면 여유로운 마음은 어디로인가 사라져버리고 그와 비례하여 자극에서 공허감으로, 공허감에서 불안으로, 불안에서 다시 새로운 자극으로 변하게 됩니다. 무슨 물건처럼 그대로 머물러 있을 수가 없습니다. 끝내 당신은 조용히 찾아오는 밤의 휴식 속에 평화스럽게 안길 수도 없습니다.

밝은 인간관계

누구나 즐겁고 유익한 인간관계를 바란다. 하지만 현실의 인간관계는 매우 복잡하며, 연령과 학력이 다르고 입장과 사고방식도 다르다.

그러나 그 모든 것을 초월하여 주어진 일을 함께 하고 목표를 달성하지 않으면 안 되는 것이 인간관계다.

우리는 흔히 외견상으로 사람을 잘못된 선입관으로 판단하여 상대방의 좋은 점은 발견하지 못하고 자기만 옳다고 생각하는 일이 의외로 많다.

하지만 인간관계에 있어서 가장 중요한 것은 다른 사람의 장점이나 아름다운 점을 발견하려고 노력하는 일이다.

주위 사람들의 장점이나 아름다움을 발견함으로써 남을 생각하고 남의 입장을 배려할 때 인간으로 성장할 수 있는 것이다.

인간관계가 좋은 직장 생활, 인간관계가 좋은

사회생활은 일이 즐겁게 되고 서로 협력적이 되어 그것이
곧 인생의 즐거움이 되면서 인간적인 성장도 가져온다.

∨∨∨

작은 인생론 | 시간은 인생의 동반자이다

인생과 시간은 하나입니다. 우리는 보람있게 살아가고 싶은 목적 때문에 시간에 대한 공포와 괴로움을 느끼지 못합니다. 또 한편으로 우리는 무상한 세월의 흐름에 별별 방법을 다 생각해 냅니다. 가장 소중한 방법은 생활과 일정한 거리와 기간을 갖는 일입니다. 그러나 우리와 시간 사이엔 거리가 있게 마련입니다. 그러나 우리는 처음부터 또다시 시작해야 됩니다. 왜냐 하면 시간이란 여러 날을 앞질러서 가는 법이 없기 때문입니다.
그것은 변함 없는 진리와 같은 것입니다.

시계의 시간은 영원합니다. 시계는 1초, 2초를 지나 열두 시가 되면 또 다시 1초부터 시작합니다. 그 출발은 끝없이 영원합니다. 그러므로 우리가 잃어버리는 것은 시간이 아니라, 바로 우리의 인생이며, 삶 그 자체입니다.

벽돌 한 장의 의미

토머스 칼라일은 수천 페이지에 달하는『프랑스 혁명사』의 원고를 탈고한 후 이웃에 사는 존 스튜어트 밀에게 읽어보라고 주었다.

그런데 며칠이 지난 후 창백한 얼굴을 한 스튜어트 밀이 칼라일을 찾아왔다. 스튜어트 밀의 하녀가 그 원고를 난로불을 지피기 위해 태워버렸음을 알자, 칼라일은 제정신이 아니었다.

2년 동안이나 심혈을 기울였던 그 결과가 그만 한 줌의 재로 변한 것이다.

그러던 어느 날, 한 석공이 작은 벽돌을 하나 하나 쌓아서 높고 긴 벽을 만드는 것을 본 순간 그의 마음에 새로운 용기가 솟아났다.

그는 다시 원고 집필을 시작하기로 결심했다.

"나는 오늘 꼭 한 페이지만 쓸 것이다. 예전에도 한 페이지부터 시작하지 않았던가!"

그는 그 즉시 한 페이지부터 다시 써 나가기 시작했고, 없어진 처음 원고보다 더 잘 쓰기 위해 아주 천천히 진행했다.

어떤 일이 잘못되었을 때 낙담과 절망의 늪에서 빠져 나오지 못하는 사람이 있는가 하면, 어떤 방법으로든 그것을 극복하여 훌륭히 재기하는 사람도 이 사회에는 많다.

그것은 좌절하고 마느냐, 도전해서 극복하느냐에 달려있다.

벽돌 하나 하나가 모여서 만리장성이 되었고, 하루하루가 모여서 실적이 되고, 인생이 된다. 체념하고 포기해 버린 그 어떤 것, 지금 곧 우리 인생의 벽돌 한 장을 놓는 것, 그것은 새로운 시작이자 도전이라 할 수 있을 것이다.

∨∨∨

작은 인생론 | 삶의 완성을 위해서는 좁은 길을 가야 한다

바른 삶으로 인도하는 길은 좁고, 그곳으로 향하는 사람은 매우 적습니다. 왜냐 하면 대부분의 사람들은 모두 넓고 편한 길로 가기 때문입니다. 진정한 길은 거칠고 좁아서 한 사람만이 걸어갈 수 있습니다. 그 좁은 길은 많은 군중과 함께 걸어갈 것이 아니라, 부처나 공자, 소크라테스, 그리스도 같은 고독한 사람의 뒤를 따라야 합니다. 그들이야말로 자기 자신을 위해, 또 우리 모두를 위해 좁은 길을 개척한 사람들입니다.

자기 효력감

성공을 거듭한 사람은 더욱 성공하고, 실패를 거듭한 사람은 계속 실패하는 경우가 많은 것 같다.

성공을 거듭한 사람은 '성공 체험'의 즐거움이 의욕을 북돋운 탓인데, 이를 심리학자 밴듀러는 '자기 효력감'이라고 불렀다.

한편 실패를 거듭하는 사람은 학습성 우울증이 생겨서 쉽게 자포자기하는 상실감에 빠진다는 것이다.

자기 효력감에는 네 가지 요인이 있다.

1. 자기 체험: 직접 체험한 것이 생생하게 자신감을 가져다준다.

2. 대리 체험: 인생에는 많은 스승이나 선배가 있다. 다른 사람의 성공 체험을 연구하거나 모방하여 자기의 것으로 만들어 삶의 디딤돌로 삼는다.

3. 대인적 영향: 주위 사람의 칭찬이나 윗사람이 인정해 줄 때

자신감이 붙고 자기 효력감이 생겨서 의욕과 적극성이 생긴다.

4. 생리적 변화: 승리나 성공의 체험은 엔돌핀의 증가뿐만 아니라, 생리적 변화도 가져온다. 실패의 요인인 '학습성 우울증'에서 탈피하여 성공 체험을 경험하는 자신감을 갖도록 노력할 일이다. 이것이 성공으로 이끄는 힘이다.

∨∨∨

작은 인생론 | 사랑은 깊은 집중의 시간이다

사랑이란 자신의 내면에서부터 시작하여 확신에 도달할 수 있는 힘입니다. 이런 사랑은 무분별하게 이끌리지 않고 스스로 다가가는 운명적인 모습으로 표현됩니다. 진실한 사랑을 하는 사람은 늘 새로운 자신의 모습을 발견하게 되지만, 대개의 사람들은 자기 자신을 잃어버리는 맹목적인 사랑에 빠집니다. 이것은 동물적인 욕구의 표현일 뿐 결코 사랑은 아닙니다.

사랑에는 그 나름대로의 고통이 따르게 마련이며. 고통을 당하거나 당하지 않던 간에 그것은 별다른 의미를 주지 못합니다. 사랑과 삶을 함께 한다는 강한 의지만 있다면, 모든 살아 있는 것과의 긴밀한 유대감, 그리고 사랑의 열정이 식는 일이 없다면, 우리는 사랑의 품안에서 행복을 느낄 수 있을 것입니다.

자기 능력 관리

사람은 누구나 나름대로의 능력을 가지고 있다. 문제는 어떤 종류의 능력인가, 어느 정도의 능력인가에 따라서 평가가 달라진다. 새는 나는 재주가 있고, 물고기는 헤엄치는 재주가 있고, 굼벵이는 기는 재주를 가지고 있다.

'독수리는 파리를 잡지 못한다.'는 속담도 있듯이 능력의 종류나 수준은 다르다. 그러나 가장 중요한 것은 모처럼의 능력도 갈고 닦지 않으면 퇴화하고 만다는 점이다.

날지 못하는 새가 가장 대표적인 예로 날개가 퇴화해 버려서 땅 위에서만 살게 된 새. 그런 새처럼 되어버린 사람을 우리는 주위에서 만나게 된다.

한때는 능력이 출중했던 사람이 무능한 사람으로 전락해 버리는 이유는 자기 능력 관리를 하지 않았기 때문이다.

물론 기회를 만나지 못해서 재능이 썩고 있는

사람도 있다. 그러나 능력 관리를 하지 않게 되면
재능도 퇴화하는 것은 당연한 일이다.

능력 관리란 끊임없이 공부하고 적극적으로 대처하고 겸허하게
반성하는 자세를 가리키며, 귀중한 삶의 재산이기도 하다.

∨∨∨

작은 인생론 | 인생은 미래를 여는 존재이다

모든 인간은 자신들이 더 향상된 삶을 살 수 있는데도
때로는 잘못된 생활을 하고 있다는 것을 잘 알면서도,
오히려 그것을 삶의 한 방편으로 삼고 있습니다.

때때로 우리 인간은 아주 작고 사소한 것처럼
보이는 일들로 하여 자기 인생을 휴지 조각처럼 버리는
경우도 있습니다. 별로 중요하지 않은 결점들이 방해를
해서 큰 인물이 되지 못하는 사람도 있습니다.

또 어떤 사람은 성실성이 부족하기 때문에 훌륭한 재능을
드러내지 못하고 있습니다. 성급한 판단, 마무리를 허술하게
하는 일, 함부로 말하는 것과 같은 사소한 결점은 조금만
주의를 기울이면 금방 극복할 수 있는 것들입니다.

우리의 인생은 끊임없이 상처 받고 치유하면서
살아갈 때 밝은 미래가 열리는 존재입니다.

표정 관리

우리는 타고난 용모 때문에 득을 보는 경우가 있는가 하면 본의 아니게 손해를 당하는 일도 있다.

미국 레이건 대통령이 연설문에서 말한 것처럼 자기 얼굴에 책임을 질줄 아는 사람이라면 용모는 물론 분위기나 인품에까지 자신감을 나타낸다. 아무리 미남미녀라 할지라도 항상 찡그린 인색한 얼굴의 사람이라면 어두운 표정에 마음도 가난하고 비관적인 풍모를 보인다.

학자들의 연구에 의하면 얼굴의 표정을 바꾸면 실제로 감정까지도 바뀐다고 한다. 기쁨이나 슬픔, 분노 등 희노애락의 감정이 일어날 때 표정의 변화를 엿볼 수 있는데, 반대로 표정을 바꾸면 감정의 흐름이 변한다는 것이다.

슬플 때 얼굴에 웃음을 띠우면 슬픔이 경감되고, 유쾌하게 웃으면 실제로 즐거운 기분이 된다.

웃음을 치료 요법으로 활용하여 병을 고친 실예가 언론 매체에 소개되기도 하였다. 웃음은 마음만이 아니라 신체적 변화에도 많은 영향을 미친다. 낙관적인 기분과 활발한 신진대사를 유발하는 웃음이 자연 치유력을 강화하는 것이다.

명상의 철학자 파스칼은 말한다.

'마음을 평화롭게 하여라. 그러면 당신의 표정도 평화롭고 따듯해질 것이다.'

∨∨∨

작은 인생론 | 사랑은 삶의 향기로 피어난다

사랑에는 특별한 고통이 따릅니다. 그러나 고통을 받든 받지 않든 그런 것은 사랑하는 두 사람 사이에 아무런 관계가 없습니다. 두 사람이 삶을 함께 하고자 하는 강렬한 갈망이 있다면, 두 사람이 신뢰하는 긴밀하고도 생생한 동반의 감정을 느낄 수만 있다면, 그리고 사랑이 식지 않는다면, 그것으로 만족해야 합니다.

부질 없는 사랑의 환락 속에서 때때로 쾌락에 도취되었던 열정과 그 짧은 욕망의 연소와 재빠른 소멸은 우리에게 있어

체험의 가장 깊은 부분을 내포하고 있는 것처럼 인생의 온갖 환희와 야비함의 상징이 되었던 것도 인정해야 합니다.

인생의 무상함에도 대부분의 사람들은 사랑에 대한 믿음으로 외로운 행복감을 통해 느끼는 환희를 갖고 있습니다.

자기 반성

옛날 희랍의 철학자이자 수학자였던 피타고라스는 '피타고라스 정리'를 발견한 것으로 유명하지만, 역사상 위대한 스승으로도 이름을 날린 사람이다.

피타고라스는 제지들에게 매일 밤 그날의 일과를 되돌아보고 다음 사항들을 체크해 보도록 시켰다고 한다.

'오늘의 공부는 과연 성공적으로 치루었는가?'

'더 배울 것은 없었는가?'

'더 잘할 수는 없었는가?'

'게으름을 피운 일은 없었는가?'

이처럼 매일매일 하루를 반성하게 했기 때문에 모두가 대단한 인재들이 되었다고 전해진다.

공부를 하는 학생들도 물론이지만, 사회 생활을 하는 우리들로서도 매일 저녁 이와 같은 반성을 한다면 확실히 인생은 달라질 것이다.

공부라는 말 대신에 '일'이라는 말로 바꾸어 생각하면 모든 사람들에게도 해당될 것이다.

우리의 선조들도, '하루에 세 번 반성하라.'는 일일삼성一日三省, '내 몸을 세 번 돌아보라.'는 삼성오신三省五身이란 말로 삶의 디딤돌을 삼았다.

∨∨∨

작은 인생론 | 소유하려는 재물은 꿈의 조각들이다

우리 인간은 자신의 삶을 즐길 수 있는 여러 가지 능력을 가지고 있음에도 불구하고 인생을 즐길 줄 모릅니다. 때로는 타인이 즐기는 것을 방해하고, 타인을 정복하기 위해서 불필요한 규칙을 만들고, 타인이 누려야 할 기회를 거부하고, 여러가지 수단을 독점하기에 동분서주합니다. 그런 사람은 늘 야심에 사로잡혀 있으므로 자신의 인생에 부여된 향락의 참뜻을 알지 못합니다.

그런 사람은 불필요한 것을 너무 많이 알고 있기 때문에 삶의 궤도 속에서 자리를 잡지 못하고 시행착오를 합니다. 한편 우리 인간은 자연을 지배하는 방법을 너무 많이 알고 있으므로 해서 편안히 안식을 취하지 못하는 불안한 존재입니다.

세상에는 영원히 변치 않는 마음과
굴복하지 않는 정신이 있다.
순수하고 진실한 영혼들도 있다.
그러므로 자신이 가진 최상의 것을 세상에 주면
최상의 것이 너에게 다시 돌아올 것이다.

마음의 씨앗을 세상에 뿌리는 일이
지금은 헛되게 보일지라도
언젠가는 열매를 거두게 될 것이다.

부자든 가난한 사람이든
삶은 다만 하나의 거울로
우리의 존재와 행동을 비춰줄 뿐이다.
자신이 가진 최상의 것을 세상에 주면
최상의 것이 꼭 당신에게 보답할 것이다.

– 매를린 브리지스 〈인생은 하나의 거울〉

독창성을 기르는 법

독창성이란 예술가나 학자에게만 필요한 것이 아니라, 어떤 분야에서나 앞서 가려는 사람에게는 필수적인 조건이라고 할 수 있을 것이다.

독창성을 기르는 법을 소개해 보고자 한다.

1. 우선 머리를 비워서 고정관념을 없앨 것 : 타불라 라사Tabula rasa란 말은 아무 것도 써 있지 않은 백지 상태, 마음을 비운 상태이므로 무엇이건 있는 그대로 받아들인다.

2. 왜, 어떻게, 그렇게 되느냐에 대하여 현상을 부정하고 반문해 본다.

3. 자기 자신을 객관적으로 바라보는 눈을 가진다.

4. 자기의 목표를 항상 확인하면서 끈기있게 밀고 나간다.

5. 위축되었거나 눈치를 보지 말고 자유분방한 마음가짐을

갖는다.

6. 시대의 흐름에서 눈을 떼지 말고 미래의 흐름을 읽으려고 노력한다.

7. 신문을 비롯한 다양한 미디어를 통한 정보 흡수에 힘을 쏟되 정보의 발신지를 찾아서 현장 확인을 하도록 한다.

8. 소설이나 예술 분야의 정보를 풍부히 하여 영감이나 힌트를 얻을 수 있는 문호를 넓게 한다.

9. 사람과의 만남의 폭을 넓게 하되 동업자나 직장 동료 이외의 사람까지 폭을 넓힌다.

∨∨∨

작은 인생론 | 생존은 자연의 현상이다

미래를 바라보고, 내일을 계획하고, 희망을
생각하는 것은 모두 필요한 삶의 절대적인 조건입니다.
우리는 미래만을 위해 사는 것이 아니라, 현재 속에서
목적을 성취하기 위해 삶을 영위하고 있습니다.

또한 우리는 현재를 경험하는 순간 속에서 살아가고 있는
유일한 존재입니다. 이러한 순간은 의식적 존재의 부단한
연속에 의해 싹이 트고 꽃이 핍니다. 이렇듯 의식적 존재에서는
우리의 현재 뿐만 아니라 과거도 함께 살아있습니다. 또 헤아릴

수 없는 생명의 깊이를 가지고 비록 눈에 보이지는 않지만 미래와 더불어 부단히 움직이고 있는 존재입니다. 우리의 힘으로 해결할 수 없는 신비가 여기에 있는 것입니다.

좋은 말의 효과

어리석은 사람들은 지혜로운 사람들에 대한 열등감에서 벗어나고자 거친 말과 험담을 일삼는다.

거친 말은 날카로운 칼과 같고 탐욕은 독약이며, 노여움은 사나운 불꽃이고 무지함은 더없는 어둠이다.

그러므로 옳은 인생의 길로 인도하는 데는 진실한 말이 최고이며, 이 세상의 불빛 가운데 진실의 등불이 최고이며, 세상의 모든 병을 치료하는 약 중에는 진실한 말의 약이 으뜸이다. 자신과 남을 위하여 그리고 돈과 향락을 위하여 거짓을 말하지 않으면, 그것이 곧 깨달음에 이르는 길이다.

∨∨∨

작은 인생론 | 삶의 성공은 굶주림부터 시작된다

하루의 일을 시작하는 사람은 길거리에서 단 일분의

시간도 낭비하지 않고 주변의 유쾌한 것들에 대해 새로운 감정으로 얼마든지 느낄 수 있습니다.

이때 눈에 보이는 모든 사물은 결코 피로하지 않는 다정한 모습으로 우리들에게 강렬한 활력을 북돋아줍니다. 이렇듯 모든 사물은 개성과 관조적인 면을 지니고 있고, 또 한편으로는 무관심과 추악한 면도 보여주고 있습니다.

그러므로 올바른 삶을 살아가기 위해서는 깊은 관심을 갖고 꾸준히 관찰하는 습관이 필요합니다. 그와 같은 노력이 계속 반복되고 사고력이 집중되면 눈에 보이는 사물로부터 쾌활함과 사랑의 노래를 얻을 수 있습니다.

이러한 마음가짐을 지닌 사람이라면 들꽃 한 송이를 꺾어서 일터 가까운 장소에 꽂아놓고 삶의 기쁨까지 느낄 수 있을 것입니다.

습관이란

‘습관은 제2의 천성’이라는 격언이 있다.

몽테뉴는 ‘습관은 제2의 자연’으로서 제1의 자연에 비해 결코 약한 것이 아니라고 했을 정도이다.

스마일스는 “습관은 나무 껍질에 글자를 새긴 것과 같다. 그 나무가 커감에 따라 글자도 커진다.”고 했다.

아미엘은, “마음이 변해야 태도가 변하고, 태도가 변하면, 습관이 변하고….” 하는 식으로 마음, 태도, 습관, 인격, 인생, 이 다섯 가지가 순차적으로 변하는 과정을 설명한 것으로 유명하지만, 다음과 같은 유명한 말도 남기고 있다.

“처세의 길에 있어서 습관은 격언보다 중요하다. 습관은 산 격언이 본능으로 변하여 살이 된 것이기 때문이다. 격언을 고치는 것은 아무것도 아니다. 새로운 습관을 갖는 것이 중요하다. 그것은 실제의 생활에 들어서는 것이 된다. 생활은 습관이 짜낸 천(직물織物)에 불과하다."

우리에겐 좋은 습관도 많지만, 나쁜 습관도 많다. 나쁜 습관을 고치는 최선의 방법은 어느 날 갑자기 고치는 것이라고 한다.

"조금씩 고쳐 가야지…." 하다보면 결국 제자리에 돌아오는 일이 많다는 것이다. 술이나 담배를 조금씩 줄여가는 것은 어렵지만, 어느 날 갑자기 끊은 사람이 성공률이 높다고 한다.

오늘부터라도 고치고 싶은 것을 찾아서 바로 지금 시작하는 것도 한 방법이 될 것이다.

불교 경전 중 하나인『법구경』에 다음과 같은 구절이 있다.

해야 할 일을 소홀히 하고
해서는 안 될 일을 즐거이 해서
풍류를 즐기고 방탕하게 놀면
나쁜 버릇은 날로 늘어가리라.

건전한 사람이라면 나쁜 습관을 버리고 자기 성장을 위해 무엇인가를 하려고 노력한다. 그런데 그것이 좀처럼 되지 않는 이유는 우선 마음의 변화가 일어나지 않은 탓이고, 어느 정도 변화가 있었다고 해도 행동의 변화를 가져오지 못한 탓이다.

VVV

작은 인생론 | 자기 반성의 고독한 시간이 필요하다

인간은 사회적 동물입니다. 그러나 남과 떨어져서 고독하게 지내는 나만의 시간도 필요합니다. 또 죄인의 절박한 유폐생활이나 세상을 피해 사는 은자隱者의 은둔 생활, 고독한 시간이 너무 길면 ,우리의 정신은 비인간화하여 자기 상실에 빠진다는 점에 유의해야 합니다.

우리에게는 무엇보다도 조용한 사색의 시간이 필요합니다. 자유로운 묵상과 고요한 명상의 시간, 자기 반성의 시간이 필요한 것입니다.

욕망과 열의

러시아의 유명한 작가 고르키가 한 말에 이런 것이 있다.

"일이 즐거우면, 인생은 낙원이다. 일이 의무라면 인생은지옥이다."

미국 뉴욕시의 어느 허름한 사무실 구석에서 "무엇인가, 내가 할 수 있는 일은 없을까?" 하고 항상 눈을 번득이는 심부름꾼 소년이 있었다.

출납 계원이 바쁘게 계산을 하고 있으면 "계산을 저에게도 시켜주십시오."

하고 자청을 했고 잔심부름도 기꺼이 자진해서 했다.

매우 감동한 회계사는 틈이 날 때마다 부기簿記나 회계의 원리를 가르쳤고, 그렇게 1년 정도가 지나자 소년은 출납 대리를 맡아볼 정도가 되었다.

그 회계사가 다른 자리로 옮기게 되자, 소년을 후임자로 추천하였다. 소년은 훗날 뉴저지 스탠다드 석유회사 사장이 된 베드포드였다.

일에 대한 욕망과 열의를 가지려면, 우선 자진해서 관심과 호기심, 흥미와 애착심을 가져야 한다. 무관심한 일, 애착심이 없는 일에 열의가 생길 리가 없기 때문이다. 무엇보다도 관심과 애착심이 행동으로 나타날 때 삶의 불꽃이 된다.

VVV

작은 인생론 | 우리는 순간을 살아가고 있는 존재이다

미래를 바라보고, 내일을 계획하고, 희망을 생각하는 것은 모두 필요한 삶의 절대적인 조건입니다. 우리는 미래만을 위해서 사는 것은 아닙니다. 우리는 현재를 경험하는 순간 속에서 살아가고 있는 유일한 존재입니다.

이러한 순간과 함께 의식적 존재의 부단한 연속 속에서 우리의 삶은 싹이 트고 꽃이 핍니다. 의식적 존재에서는 현재 뿐만 아니라 과거도 함께 살아있습니다.

또 헤아릴 수 없는 깊이를 가지고 우리는 비록 눈에 보이지는 않지만 미래와 더불어 부단히 움직이고 있습니다. 하지만 우리의 힘으로 헤아릴 수 없는

신비가 존재해 있는 것을 운명이라고 합니다.

때때로 우리 인간은 한 알의 모래, 한 방울의 바닷물, 지나가는 바람과 흡사합니다. 그리하여 내일은 아주 쉽게 먼지가 되고 말 것입니다.

천성 天性

가을이 되면 초가지붕의 박이 익어간다. 처음에는 밤알만하다가 점점 커져서 마침내는 보름달을 닮은 모습을 한다. 밤마다 보름달을 보며 자란 탓일까? 박은 보름달이 되고 싶었다.

"달님…"

"왜 그러니?"

"제가 달님을 닮았지요?"

"그런 것 같구나."

"그런데 왜 나는 빛을 낼 수 없을까요?"

박은 볼멘소리로 물었다.

그러자 달님이 말했다.

"아름다운 소녀가 있었단다. 그 소녀는 노래 부르는 사람을 보자 성악가가 되려고 했지. 또 그림을 잘 그리는 사람을 보고는 화가가 되고 싶은 마음이 간절했어.

그러다가 소설을 쓰는 작가가 되었단다."

"왜 그랬을까요?"

"그야 사람마다 타고 난 천성이 다르니까."

박은 고개를 숙였다. 남의 흉내를 내려고 한 것이 잘못임을 깨달았기 때문이다.

박은 공손히 말했다.

"난 목마른 사람에게 물을 떠주는 바가지가 되겠어요."

∨∨∨

작은 인생론 | 사랑에는 죽음이 없다

우리가 사랑하는 사람을 잃었을 때 최초의 자연스러운 대답은 슬픔과 고통의 눈물입니다. 죽은 사람에 대한 비애나 고통은 살아 있는 우리에게 오히려 위안을 줄 뿐, 이미 죽은 사람과 같을 수 없습니다. 그러므로 우리가 죽은 이에게 드릴 수 있는 마지막 기회란 어떠한 제물이 아니라 그에 대한 올바른 기억과 회상을 갖고 사랑했던 그 존재를 우리의 내면 세계에 다시 재건하는 것이 가장 아름다운 보상입니다. 우리가 이와 같은 추모와 마음의 안식을 갖는다면, 죽은 사람은 늘 우리 곁에서 새로운 삶을 계속하고 있는 것과 다름없으며, 그에 대한 슬픔이나 고통은 승화되어 사랑의 열매가 됩니다.

학력과 실력

사람들은 학력과 실력을 혼동하는 경우가 있다. 그러나 분명히 알아두어야 할 것은 학력과 실력은 엄연히 구분되어야 한다.

학력은 좋지만 실력이 없는 사람이 있는가 하면, 학력은 보잘 것 없지만 실력이 대단한 사람도 있기 때문이다.

학력이 좋은 사람 중에는 그것을 간판으로 내세우면서도 학력만 믿고 실력을 쌓지 않는 사람도 많다.

그와 반대로 학력이 모자라기 때문에 더욱 노력해서 학력이 좋은 사람보다 더 나은 위치에 있는 사람들을 얼마든지 볼 수 있다.

학력은 사람을 평가할 때의 참고 사항은 될지언정, 인간 그 자체는 아니다. 좋은 학교를 졸업했다고 해서 반드시 유능하다고 보기는 어렵고 사회에서의 활동은 학교와는 관계 없는 일이 더 많다.

우리의 인생은 현재와 미래가 더욱 중요하며,

학력이란 과거의 그림자에 불과할 뿐이다.

학력이 좋은 사람은 그 과거의 기록을 부끄럽게 하지 않기 위해서도 실력을 쌓아야 하고, 학력이 나쁜 사람은 현재와 미래의 명예를 위해서 실력을 발휘해야 한다.

VVV

작은 인생론 | 삶은 사랑을 텃밭으로 할 때 꽃이 핀다

삶을 살아가면서 소유와 권력, 명예를 얻기 위해 쏟아붓는 헛된 노력은 우리의 힘을 앗아가고 불행을 초래하지만, 작은 헌신이나 사랑의 희생은 때때로 우리 모두를 풍요롭게 해주며, 시간과 공간을 초월하여 삶의 아름다움과 미래의 꿈을 밝혀주는 고귀하고도 소박한 비밀이라고 할 수 있습니다. 일찍이 인도인들이 이를 깨닫고 널리 가르쳤으며, 지혜로운 그리스인들이 그것을 따랐으며, 가난한 예수가 죽음을 선택하면서까지 그것을 베풀었습니다.

그 후에도 수많은 현자들이 같은 길을 걸었고, 그들의 가르침 역시 변함이 없었습니다. 그것의 의미를 깨닫고 터득한 예술가의 작품이 오랫동안 사랑을 받는 반면에 명예나 권력만을 따랐던 사람들과 부자들의 영화는 그 시대에 물거품처럼 사라지고 말았습니다.

직업의식을 갖춘다는 것

진정한 직업인이 되려면, 우선 스스로가 타인에게 바람직한 사람이 되도록 노력해야 한다. 회사 측에서는 회사를 위해 제품이나 서비스를 믿고 함께 일하는 동료들이 서로 신뢰하는 인물이 되기를 바라고 있다. 근무시간만 적당히 채우면 된다고 하는 책임감 없는 인물이 아니라 몇 시간이 걸려도 맡은 업무를 마무리하는 적극적인 직원을 요구한다.

또한 회사는 지시나 조언이 없으면 아무것도 할 수 없는 피동적인 인물이 아니라 독립된 활동을 할 수 있는 인물을 원한다. 이러한 인물은 늘 자신감에 차 있고 매사에 헌신적이다. 그 중에서 가장 바람직한 것은 업무 수행에 확고부동한 사고방식을 지니고 있는 인물이다.

요즘은 근무 시간만큼만 일하고 급료 받기를 원하는 사람이 많다. 이런 직원은 회사의 부채이며 사내에서의 불평 불만,

동료 간의 마찰이나 트러블을 일삼는 암과 같은 존재이다.
기업은 생물과 같은 공동체로서 이익과 성장이 뒤따르지 않으면 존립할 수 없다는 철저한 직업의식을 갖고 충실하게 공동 목표를 이룩해야 한다.

∨∨∨

작은 인생론 | 인간은 외딴 섬처럼 존재할 수 없다

등에 진 배낭 속에 한 다발의 선의善意, 두 다발의 낙관樂觀, 한 줌의 규율과 그 네 배의 인내, 그리고 원기 왕성함과 한 주먹의 자애심과 빈정거림을 가득 넣고 당신의 길을 걸어가십시오.

만일 다른 낯선 영혼이 당신을 손짓할 것 같으면, 그의 이름이나 고통을 물어서는 안 됩니다. 그 상처를 어루만져주는 것만으로 만족해야 합니다.

당신이 알고 있는 일체의 것을 당신의 배낭 속에 집어넣고 소리 높여 노래하면서 가던 길을 걸어가십시오. 길은 멀고 황혼이 다가올 무렵 당신은 자신의 생애가 꿈이 아니었던가 생각하게 될 것입니다.

3

인간은 외딴 섬처럼 존재할 수 없다

한 해가 네 계절로 나누어져 있듯이
인생에도 네 계절이 있다.

건강한 사람의 봄은 그의 영혼이
모든 것을 아름답게 받아들이는 때이며
그의 여름은 밝고 빛나며
봄의 향기롭고 명랑한 생각을 사랑하여
열정을 꽃피우는 때이므로 그의 꿈이 하늘 끝까지
높이 날아오르는 부푼 꿈을 꾼다.

그의 영혼에 가을 오면
그는 꿈의 날개를 접고
올바른 것들을 놓친 잘못과 태만을
벌판의 실개천을 무심히 바라보듯이
방관하며 체념하는 상실의 계절이다.

그에게도 겨울이 오면 창백하게 일그러진 모습으로
죽음의 길을 먼저 떠나가리라.

– 존 키츠 〈인생의 계절〉

작은 구멍

'작은 비용이라도 줄여라. 물이 새는 작은 구멍이 거대한 배를 침몰시킨다.'(프랭클린)

누구나 낭비라는 말은 싫어한다. 그러나 자기도 모르게 낭비를 하는 경우가 많다. 어떤 사람은 낭비가 과소비라는 것을 알면서도 습관적으로 돈을 함부로 쓰는 사람이 있다.

어떤 때는 무심코 돈을 쓰고 보면 낭비인 것을 새삼스럽게 깨닫는 경우도 있다. '벌기는 어렵고, 쓰기는 쉽다.'는 말도 있듯이 자칫 방심하면 낭비가 되고 만다.

그것은 개인이건, 직장이건, 국가건 결과는 마찬가지다. 작은 낭비가 모여서 큰 손실이 된다는 것을 잘 알면서도 많은 것을 잃는다. 그러므로 여기서 지적하고 싶은 말은 작은 구멍이란 낭비의 문제에만 국한되는 것은 아니라는 뜻이다.

한비자韓非子는 '천장千丈의 제방도 개미 구멍 하나로

무너진다.'고 해서 무슨 일에서건, 아무리 작은 일이라도 소홀히 해서는 안 된다는 것을 강조했다. 누구나 큰 구멍은 겁을 내고 무리를 해서라도 막으려고 할 것이다.

유비무환有備無患이라는 말은 미리 충분히 준비하고 대비를 하면 훗날의 화근이 없어진다는 뜻을 담고 있다. 그렇다면, 우리의 주위에는 어떤 구멍이 뚫려 있는 것일까?

∨∨∨

작은 인생론 | 고통의 길에는 욕망이 기다리고 있다

우리의 내부에 있는 영혼의 빛을 밝게 할수록, 우리는 자신이 생각하고 있었던 것보다도 훨씬 더 추하다는 것을 알게 됩니다. 또 우리의 마음에서 쏟아져 나오는 온갖 부끄러운 감정을 느낄 때마다, 어째서 그것이 전에는 보이지 않았을까 하고 놀라움을 감추지 못할 것입니다.

이렇듯 우리는 자신의 내부에 그렇게 추악한 감정이 숨어 있으리라고는 꿈에도 생각한 적이 없었기 때문에 두려운 눈으로 그것을 바라봅니다. 그러나 놀랄 것도 없고 절망할 것도 없습니다. 우리는 전보다 나빠진 것이 아니라, 오히려 그러한 내면의 세계를 발견한 향상된 자신의 모습에 놀랄 뿐입니다.

적응과 도전

우리는 학창 시절에 '적자 생존'이란 말과 '자연 도태'라는 말을 배웠을 것이다.

적자 생존이란, 환경에 적응하면 살아남는다는 말이고 자연 도태란, 환경에 적응하지 못하면 도태된다는 뜻이다.

동식물의 적응 능력은 거의가 본능에 기인하는 것이지만, 인간의 경우는 본능만이 아니라 의지에 기인하는 것이 많다. 즉, 우리 인간은 쉽고 편한 쪽으로 갈 수가 있는 반면 보다 어려운 상황 속에서도 도전할 수 있다는 것이다.

인간의 능력은 쉽고 편한 쪽을 택했을 때보다 혹독한 상황에 도전하는 때에 개발되는 경우가 더 많다. 역경을 만나도, 거기에 적극적으로 대처하다 보면 어느새 역경에 익숙해지고, 처음의 고통이 어느덧 즐거움으로 변하는 것이다.

운동 선수의 예를 보면 잘 알 수 있다. 여기서 주의해야 할 것은 어느 정도 익숙해지면 어려운 상황이 없어지고, 쉽고 편해지기 때문에 능력의 향상도 멈추고 만다는 점이다.

인간의 능력을 최대한 살리기 위해서는 항상 새로운 상황에 도전하고, 정면으로 부딪혀가는 자세를 갖도록 노력해야 한다.

∨∨∨

작은 인생론 | 낮은 밤을 기다리는 예감이다

나는 불투명한 하늘이 여명의 새벽을 기다리며 회색으로 떠는 모습을 보았습니다. 하나씩 하나씩 별들이 꺼져가고 있는 동안 목장은 찬 이슬에 젖은 채 아침 준비를 서두르고 공기는 싸늘한 애무의 촉감만을 남겨 놓았습니다.

이에 얼마동안 불분명한 나라는 존재는 졸음에 못 이겨 눈을 뜰 생각이 없는, 피로가 가시지 않은 머리 속은 아직까지 혼수 상태가 계속되고 있었습니다.

나는 숲이 내려와 있는 기슭 언저리에서 발걸음을 멈추었습니다. 이제 짐승들은 날이 곧 밝을 것이라는 확신과 기대감에 넘쳐서 다시 움직이며 즐거움을 찾고 있었습니다. 그리고 삶의 신비가 나뭇잎 사이로 안개처럼 퍼져 나오기 시작하자, 곧 날이 밝았습니다.

그때 나는 또 다른 새벽의 얼굴을 발견하자, 곧 이어 밤의 기다림을 예감했습니다.

거짓말의 자기성찰

거짓말에는 자기의 잘못을 감추기 위한 것과 직장 내에서 출세를 위해서 허위로 하는 거짓말로 나눌 수 있다.

직장 내에서 하는 거짓말은 누군가를 희생시키거나 잘못을 은폐하는 것일 수 있기 때문에 악질적인 것이라고 할 수도 있을 것이다.

그리고 상사의 압력 때문에 본의 아니게 거짓말을 해야 할 경우도 있는데, 이때도 양심에 어긋나지 않도록 해야 한다.

때로는 자기 실력을 과장해서 말하거나 남의 공적을 자기 것인양 가로채는 거짓말도 있겠지만, 거짓말을 해야 할 경우엔 다음의 다섯 가지를 스스로 물어보는 마음가짐이 중요하다.

① 나의 거짓말이 다른 사람에게 얼마나 해를 끼칠 것인가?

② 이 거짓말이 단 한 번으로 끝날 것인가, 아니면 거짓말 때문에 또 다른 거짓말을 해야 하지는 않을까.

③ 만일 거짓말임이 탄로났을 때 정당한 변명을 할 수 있을까. 그 변명이 다른 사람에게는 어떻게 들릴 것인가.

④ 나의 거짓말이 나의 자존심에 어떤 영향을 미칠 것인가.

⑤ 다른 사람이 나에게 같은 거짓말을 한다면, 어떤 느낌이 들겠는가.

이처럼 스스로에게 질문을 해보라는 것이지만, 이와 같은 길고 합리적인 질문을 해보는 사이에 거짓말을 할 생각이 싹 가시지나 않을 지 모르겠다.

∨∨∨

작은 인생론 | 욕망은 음식과 같은 것이다

나는 후회한다.
나의 청춘을 어둡게 하였다는 것을
현실보다도 공상을 더 좋아했다는 것을
인생에 등을 돌렸다는 것을.

세 가지 유혹

경험 철학자로 유명한 프란시스 베이컨이 다음과 같은 말을 한 적이 있다.

"인간에게는 세 가지 유혹이 있다. 거칠은 육체의 욕망, 제 잘났다고 거들먹거리는 교만, 졸렬하고 불손한 이기심, 이 세 가지가 그것이다.

이로 인하여 모든 불행이 과거에서 미래까지 영원히 인류의 무거운 짐이 되고 있는 것이다. 이 세상에서 이 세 가지 육욕과 교만과 이기심이 없었다면 완전한 질서가 지배하였을 것이다.

그런데 이러한 무서운 병, 누구나 마음속에 지니고 있는 이 유혹의 싹에 대하여 우리가 취해야 할 수단은 무엇일까? 그것은 제각기 닦아야 할 수양밖엔 없는 것이다.

인간의 마음이란 가장 완성된 상태에 있으나 또 때로는 가장 부패한 상태에 있다. 좋은 상태에 있을 때 조심해서 그 상태를 유지하면서 악한 것을 몰아내야 한다."

물론 이 세 가지 이외에도 많은 유혹이 있을 수 있겠지만 참다운 인생이란 유혹과 싸워 나가는 과정이라고 해도 과언이 아니다.

자기 자신을 위해서나, 사회를 위해서 어떻게 절제해 가느냐가 중요하다 하겠다.

∨∨∨

작은 인생론 | 인생의 길은 하나이다

인생의 길은 모두 하나입니다. 언제인가 우리는 그 길 위에서 만나게 되는 운명적인 존재입니다. 우리에게는 그 길을 찾는 지혜가 준비되어 있으며, 그 길은 넓고 눈에 잘 보여서 어느 누구도 그 길을 보지 못하고 지나칠 수 없게 되어 있습니다.

저쪽 그 길 끝에는 신이 우리를 향해 손짓하고 있지만, 그 길을 가지 않고 죽음의 길을 가고 있는 또 다른 사람들을 본다는 것은 불행입니다. 삶의 길은 너무나 멀고 그 여정은 죽음에 다다르는 통로일 뿐입니다.

고난의 극복

어떤 학자가 연구한 것을 보면, 에디슨과 뉴튼은 여러 가지 면에서 공통점을 가지고 있었다고 밝히고 있다.

1. 고독을 참는 능력이 뛰어났다. 어릴 때 여러 가지 역경을 만나 고독한 소년 시절을 보냈지만, 두 사람 모두 훌륭히 극복했다는 점.

2. 호기심과 손재주가 뛰어났다.

두 사람의 천재성은 이미 잘 알려진 사실이지만, 어릴 때부터 다양성과 만능성을 발휘했다고 한다.

3. 자기를 과소평가하는 경향이 있었다.

자기들의 업적이 굉장한 것이었지만, 스스로는 과소평가하는 경향이 있어서 세상 사람들이 오히려 과대평가하는 일이 많았다.

에디슨은 자기가 발명한 것이 '한 백만원 짜리나 될까?'… 하고 생각했는데, 오히려 사는 사람은 엄청난 돈을 제시한 일이 많았다는 것이다.

여기서 생각할 것은 인내와 도전으로 역경을 극복한 사람만이 천재성을 내세워서 과시하지 않고 겸허하게 세상을 대했다는 점에 주목해야 할 것이다.

우리는 누구나 나름대로의 천재성을 가지고 있을지도 모른다. 그러나 좌절하고, 포기하고 역경 속의 고독을 참지 못하면 모처럼의 천재성을 잃게 될 것이다.

∨∨∨

작은 인생론 | 신과 인간의 모습은 같다

진정한 인간, 건강하며 불구가 아닌 인간을 통해서 자연을 입증하고 신을 실증하는 것은 기적입니다.

저녁 무렵, 하루의 일과가 끝날 때 서서히 엄습해 오는 어스름 속에 노을이 빨갛게 타올라 장밋빛에서 짧은 회색빛으로 변하는 무한한 비밀을 간직하고 있는 하늘처럼 인간의 얼굴에 떠오르는 미묘한 웃음. 대사원의 비밀한 밀실이나 견고한 성루의 창과 같은 질서가 있는, 판자쪽으로 만들어진 바이올린 음계音階와도 같은 약속, 언어와 같은 미묘함, 자연 속에서 출발한 이상적이면서 동시에 이성을 넘어선 어린아이 같은 것이 신의 모습입니다.

그 아름다움과 놀라움, 수수께끼와 같은 영원불변의 모습,

그러면서도 그림자 같은 나약함, 질병, 위험을 방치해서는 안 되는 것, 그런 것의 심부름꾼이며 지상의 가장 신비한, 존경할 만한 현상의 하나로 표현된 예술 작품이 바로 인간입니다.

운

'운이 좋다, 나쁘다.', '재수가 있다, 없다.' 하는 식으로 우리는 무심코 운이나 재수라는 말을 쓰고 있지만, 과연 운이란 있는 것일까, 없는 것일까.

어느 날 어떤 사람이 시인 장 꼭또에게 물었다.

"선생님은 운명이란 것이 있다고 믿으십니까?"

"물론이지요. 운명을 믿지 않는다면 개떡 같은 친구가 성공하는 것을 어떻게 설명하란 말입니까?"

어쨌든 운이란 것을 없다고 생각하는 사람이나 있다고 생각하는 사람이 함께 운명론자가 되어서 운에만 자기를 맡길 수 없다는 것은 인정할 것이다.

운運이란 글자는 원래 '수레의 바퀴가 굴러서 길을 간다'는 것을 뜻한다.

사실 인생이란 바퀴가 굴러서 가는 것처럼 평탄한 길도 있고 울퉁불퉁한 길도 있다. 평탄해서 잘 굴러갈 때는 운이 좋은 때인지도 모른다. 한편 울퉁불퉁하거나 잘 굴러가지 못하는 경우는 운이 나쁜 때인지 모른다.

그러나 운이 좋건 나쁘건 열심히 노력하지 않고 그냥 복이 굴러오기를 기다리고만 있다면 어떻게 될 것인가?

어떤 운동선수가 '운명아, 길 비켜라. 내가 간다.'고 써붙이고 열심히 노력해서 성공한 경우도 있다.

불운이라고 생각할 때는 겸허하게 반성하면서 보다 더 노력하는 자세가 무엇보다도 필요하다.

∨∨∨

작은 인생론 | 불행한 삶에는 사랑이 머물 자리가 없다

인생에 있어서 가장 훌륭하고 아름다운 것이 무엇인지는 알 수 있지만, 그것을 정의하고 묘사하기란 쉬운 일이 아닙니다.

인간의 불행은 삶의 역사가 시작된 이후 진실하게 표현하고 아름다운 향기가 되기를 염원하는 사랑을, 또 우리의 내부에서 행동으로 실현해야 했던 사랑을 무의미하게 말로만 표현하고 지내온 덧없는 낭비가 시간의 흐름 속에 있었음을 깨달아야 합니다.

위대한 사랑의 말은 우주 창조와 함께 오랜 동안 전래되어 왔습니다. 또 헤아릴 수 없이 많은 사랑의 노래가 불리워졌고 신에게 바치는 경건한 음악이 사원과 교회 등에서 지금도 끊임없이 울려 퍼지고 있습니다.

사랑의 이름으로 행해지지 않는 것이 어디에 있습니까? 그러나 불행한 인간의 삶에는 사랑이 머물 자리가 없습니다.

진정한 돈의 가치

옛날에 유난히 돈을 사랑하는 사람이 있었다. 그는 자기의 모든 재산을 팔아서 돈으로 바꾼 다음, 남 몰래 땅 속에 묻었다. 그리고는 매일 밤 돈을 묻어둔 곳을 바라보는 일로 즐거움을 삼았다. 이러한 행동을 이상하게 생각하고 지켜본 사람이 땅 속에 보물이 묻혀 있다는 사실을 알게 되었다.

어느 날 기회를 틈 타서 주인 몰래 돈을 모두 꺼내 가지고 도망쳐 버렸다. 하룻밤 사이에 돈이 없어진 사실을 안 그 사람은 땅을 치며 통곡하였다. 이 광경을 본 이웃사람이 까닭을 물었다. 그는 어떤 도움이라도 될까 싶어서 자초지경을 말해 주었다. 사연을 듣고 난 이웃사람이 위로의 말을 해주었다.

"그렇게 슬퍼할 일은 아닌 것 같소. 당신이 돈을 가지고 있었다고 하나 실제로 돈을 가졌던 것은 아니잖소. 그러니까 돈 대신에 원하는 액수만큼 돌을 땅 속에 깊숙이 묻고, 그 만큼 가진 것이라고 생각하면 될 것이오. 왜냐 하면 당신은 전에 돈을 가졌으면서도 사용할 줄 몰랐으니 돈은 있으나마나 했던 거요.

∨∨∨

작은 인생론 | 욕망의 집에 갇혀 있을 때 우리의 삶은 불행하다

욕망에 불타는 마음은 편안할 수 없습니다. 언제나 뛰고 있을 뿐입니다. 어떻게 달리고 있는 사람이 사랑을 할 수 있겠습니까? 지금 그는 달리고 있는 경기 중에 있습니다. 여가 따위는 있을 수 없습니다. 어쩌면 그의 생각은 언제인가 목표를 달성하고 자기가 찾는, 자기가 바라는 힘을 얻게 되면 그때 조였던 마음을 풀고 사랑을 시작할지도 모릅니다.

그러나 결국 그런 일은 일어나지 않습니다. 그 목표는 결코 달성될 수 없기 때문입니다. 무분별한 삶에 사로잡혀 방황하는 것은 모두 당신의 것, 당신 내부의 욕망입니다.

이때 나타나는 태만은 의지적인 행동으로 극복될 수 있을지는 몰라도 마음의 잡다함은 그대로 남아있게 됩니다. 사소한 마음은 아주 활동적인 것이며, 일반적인 현상으로서 슬픔과 비극의 원인이 되고 있습니다. 그리하여 아무리 많은 노력으로 욕망을 극복하려고 해도 그 마음에는 계속 사소한 것들이 남아있습니다. 이렇듯 당신은 욕망의 집에 갇혀 살고 있습니다.

윗사람을 리드하는 방법

직장에 변화의 바람이 불면서 '부하'와 '상사'의 관계가 바뀌고 있다. 그러므로 직장 상사를 뛰어넘는 지혜가 요구되는 현실이다.

그렇다면 윗 사람을 리드하는 방법에는 어떤 것이 있을까.

첫째, 자기 분야의 전문가가 되어야 한다.

자신의 부가가치를 높여야 윗사람으로부터 신임을 받을 수 있다. 이를 위해서는 자신에 대한 투자를 게을리해서는 안 된다. 업무에 대한 정보나 실력이 뛰어나면 좋든 싫든 상사는 부하에게 의지할 수밖에 없다.

둘째, 한 단계 위에서 생각한다.

직급에 맞게 생각하고 지시 받은 사항만을 처리하고 보고한다는 생각은 버려야 한다. 자신의 직급이 대리라면 과장의 눈높이와 사고방식을 가지고 접근해야 한다.

셋째, 업무 이외의 분야에 대해서도 관심을 갖는다.

다양한 분야에 호기심을 가지면 자신의 경력을 넓히는데 도움이 되어 업무와 연결시킬 수 있다.

넷째, 최신 정보를 습득한다.

가장 빠르고 정확한 정보를 접하고 있는 사람이 부서 내에서 영향력을 발휘하므로 업무에 관한 정보를 항상 수집하고 컴퓨터 폴더를 통해 정리해 둔다.

다섯째, 각 부서의 상사에게서 배울 점을 놓치지 않는다. 다른 분야의 상사가 가지고 있는 장점까지 파악해 둔다. 한편 상사의 위치에서 삼가해야 할 행동이나 말들을 기록해 두는 것도 한 가지 방법이다.

∨∨∨

작은 인생론 | 사랑은 심한 목마름이다

여자에게 첫사랑의 실패는 아름다운 환상에서 깨어나 새로운 신의 모습을 발견할 수 있는 계기가 되기도 합니다. 아담과 이브가 낙원에서 추방된 후에야 그들 자신이 벌거숭이였음을 발견하듯이, 여자는 자기의 비참함을 보게 되고 수치스러움과 절망의 감정을 맛보게 됩니다. 그것은 두 번 다시 경험할 수 없는 사랑이 남긴 고통의 열매이기 때문입니다.

이에 대한 여자의 첫 반응은 자기 자신을 가차없이 질책하는 일입니다. 한편 여자는 자기 자신이 너무 민감하다는 생각에 사로잡히는 나약함을 가지고 있습니다. 그리하여 머리를 깊이 숙이고 서서히 슬픔에서 깨어나며 자신이 너무나 쉽게 충격을 받는 약한 소유자라고 스스로를 책망하면서 가슴의 상처를 위로하며 아픔을 치료 받으려고 또 다른 사랑을 갈망하게 됩니다.

진정한 용기

철혈재상이라 불렸던 독일의 유명한 정치가 비스마르크는 독일 부흥에 큰 공을 세운 인물이다.

철혈이란 쇠와 피 즉, 무기와 병사를 뜻하지만,

"오늘날의 독일은 다수결로 개선할 수 없다. 오직 쇠와 피로 해야 한다."

는 유명한 말을 남겼다.

이 비스마르크가 정치 초년생이었을 때, 왕이 내린 중요한 임무를 그 자리에서 받아들이자,

"이런 일을 거침없이 받아들이다니 용기가 있군."

하고 프리드리히 대왕이 말했다.

그러자 비스마르크가 대답했다.

"폐하께서 명령을 내리실 용기가 있으시면,
저에게는 복종할 용기가 있사옵니다."

윈스턴 처칠도 말했다.

"돈을 잃는 것은 적게 잃은 것이다. 그러나 명예를 잃는 것은 크게 잃은 것이다. 더더욱 용기를 잃는 것은 전부를 다 잃은 것이나 다름없다."

이렇듯 역사를 만든 사람들에게는 남과는 다른 강한 용기와 열의가 있었음을 알 수 있다.

∨∨∨

작은 인생론 | 가난으로 위안을 받는 삶은 행복하다

삶에 지친 피로한 사람들을 만납니다. 오후에는 더 많은 사람들을 만나게 됩니다. 그런데 그들 중에는 아침부터 피로한 사람들도 있습니다.

이렇듯 많은 사람들이 하루 종일 피로한 다리를 이끌고 있습니다.

이와 같이 인간은 매일 노고를 되풀이하면서 삶의 길을 행진하고 있습니다. 살아간다는 것은 수고의 연속일 뿐만 아니라 어떤 놀람도 즐거움도 없이 흘러가버리는 것입니다.

내일도 오늘과 똑같은 사슬의 바퀴에 불과합니다. 그리하여 사람들은 피로에 지쳐 겨우 겨우 행진해 가고 있습니다. 확실히 너무나 많은 노동은 감당하기 어려운 삶의 무게입니다.

힘에 겨운 일에는 기쁨이 없습니다. 또한 너무나 많은 노고는 사람을 불행한 마음으로 몰아갑니다.

이럴 때 주위 사람들을 관찰하는 것은 또 다른 자기를 발견하는 가장 좋은 방법입니다.

부자나 유력자를 추종하기보다는 평범해 보이지만 진실한 사람들과 교유해야 합니다. 그들이야말로 우리에게 힘과 빛을 부여해 줄 것입니다.

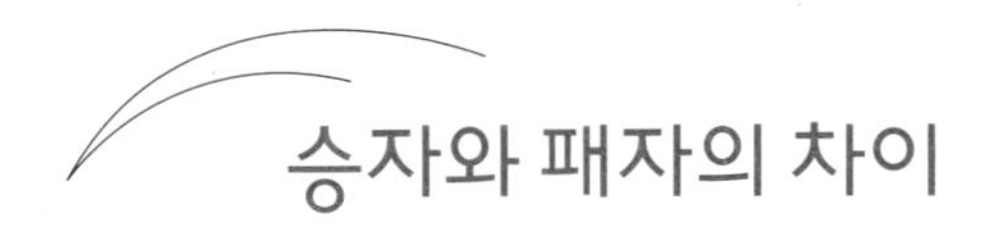

승자와 패자의 차이

승자가 즐겨 쓰는 말은 '다시 한 번 해보자.'이고, 패자가 자주 쓰는 말은 '해봐야 별 수 없다.'이다.

승자는 용감한 죄인이 되고, 패자는 비겁한 요행을 믿는 기회주의자가 된다. 승자는 새벽을 깨우고, 패자는 새벽을 기다린다.

승자는 일곱 번 쓰러져도 여덟 번 일어서고, 패자는 쓰러지면 일곱 번을 낱낱이 후회한다.

승자는 달려가며 계산하고, 패자는 출발도 하기 전에 계산부터 한다.

∨∨∨

작은 인생론 | 인생은 삶을 가꾸는 터전이다

진실한 인간, 불구가 아닌 건강한 인간에게 있어서 신은 항상 다음과 같은 여러 가지 기적에 의해 실증되고 있음을 깨닫게 됩니다.

즉, 저녁 무렵이 되면 기온이 내려간다든가, 하루의 일과가 끝난다든가 하는 일상적인 것 이외에 저녁 노을이 곱게 피어나면서 장밋빛으로 시작해서 차츰 보랏빛으로 변해 가는 현상이 있다는 사실, 이렇듯 밤하늘처럼 수많은 인간의 얼굴에 제각기 다른 미묘한 미소를 띠는 변화가 있다는 사실과 꽃수술의 오묘한 질서 같은 것, 나무조각으로 만들어진 바이올린 같은 악기, 소리와 음계, 언어처럼 참으로 이해할 수 없고 헤아릴 수 없이 미묘하며, 자연을 통해 인간의 정신이 창작된 것, 이성이나 초이상적인 순수한 것이 있다는 사실을 우리는 알아야 합니다.

성공한 사람의 조건

성공하기 위해서는 많은 것을 알아야 한다. 그래서 성공한 사람들은 열심히 배우려고 노력한다. 특히 삶의 본질에 대해서, 자신의 잠재력이 어떻게 삶에 공헌할 수 있는가에 대해서, 어떻게 실천할 것인가를 모색한다.

'성실해야 한다.'

이 말은 성공의 절대적인 조건이다. 여기서 성실해야 한다는 말은 타인에게 보다 자신에게 더 강조된다. 성공한 사람은 노력을 아끼지 않는다. 적극적인 자기 인식은 정직함을 의미한다. 한편 자신의 잠재력에 대해서 성실하게 정상에 도달하기 위한 시간과 노력에 정직해야 한다.

성공한 사람은 주위 상황을 정확히 파악하고 판단하며 자신이 할 수 있는 일을 최선의 방법으로 신속히 처리하는 사람이다. 그러기 위해서는 자신의 특성을 깨닫고 인식하는 능력이 중요한 포인트가 된다.

∨∨∨

작은 인생론 | 사막은 한 알의 모래로 시작된다

모래사막–거부된 생명. 그 곳에는 심한 불볕으로 꿈틀거리는 바람과 더위가 있을 뿐입니다. 그러나 모래는 그늘 속에서 빌로드처럼 보드라와지고, 저녁에는 마지막 불꽃처럼 타오르다가 아침에는 재와 같은 죽음의 모습으로 돌아와 있습니다.

모래 언덕과 언덕 사이에는 하얀 골짜기가 있습니다. 우리는 그곳을 말을 타고 건넜습니다. 순식간에 모래가 우리들의 발자취를 덮어버렸습니다.

갑자기 찾아든 심한 피로에 언덕이 나타날 때마다 넘을 수 없을 것 같은 고통이 뒤따랐습니다.

아아! 가장 작은 모래알일지라도 그 속에서 우주 전체를 이야기해주기를! 어떤 생애를 추억할 것인가를 기억하기 바랍니다.

성공의 비결

대부분의 사람들은 성공한 사람을 부러워하고, 또한 자신도 성공하기를 바란다. 그런데 흔히들 성공이라고 하면 입신출세立身出世 만을 뜻하는 줄로 잘못 생각하는 사람도 있다.

강철왕 앤드류 카네기는 이런 말을 했다.

"성공의 비결은, 어떤 직업에 있든 간에 그 분야에서 제1인자가 되려고 하는 데에 있다."

카네기도 젊었을 때는 많은 직업을 전전했는데 방직 공장에서는 실 감는 일을, 증기기관차에서는 화부의 일을, 그리고는 우편배달원, 철도원의 일도 마다하지 않고 했다.

어떤 일을 맡든 카네기는 항상 신념을 가지고 세계 제일의 화부, 세계 제일의 철도원이 되겠다고 결심을 했다는 것이다. 드디어는 세계 제일의 부호가 되었지만, 그는 항상 성공의 비결을 말했다.

"나는 나에게 주어진 일에 전심전력을 다했기 때문에 성공한 것이다."

그렇다면 우리들의 성공의 비결은 무엇일까. 세계 제일의 그 무엇이 되겠다고 한다면, 지금으로서는 너무 큰 목적일지도 모른다.

한국에서 제일, 우리 직장에서 제일, 우리 친구들 중에서 제일… 하는 식으로 한 단계 낮추는 것도 하나의 방법이다.

내가 바라는 성공에의 길은 우선 작은 목표를 갖는 일에서 시작되어야 한다.

∨∨∨

작은 인생론 | 욕망은 내일을 준비하는 그림자이다

욕망은 늘 우리 마음속에서 자라고 있습니다. 때로는 격렬한 불길과도 같고, 때로는 생명을 꽃 피우려는 준비를 갖춘 모습으로 내면의 깊은 곳에 자리잡고 있습니다. 문제는 우리가 어떻게 욕망과 함께 공존하는가에 있습니다. 욕망이 그대로 마음 안에서 고요히 있으면 당신 역시도 조용히 지낼 수 있을 것입니다. 하지만 욕망이 잠에서 깨어나면 걷잡을 수 없는 혼란에 빠지게 됩니다. 끊임 없는 생각과 열정에 들떠 욕망이 현실로 나타날 때까지 온갖 노력을 하게 됩니다.

여기서 맛보게 되는 고요는 다른 욕망을 갖게 될 때 다시 찾아오는 기다림인 것입니다. 이런 고요는 압력을 받고 있는 바닷물과 같아서 아무리 높은 벽을 쌓아 올린다고 하더라도 욕망의 물결은 차 올라 넘쳐 흐르게 됩니다.

우리 인간은 최선을 다해 욕망의 사슬에서 벗어나려고 안간힘을 쓰지만, 그것은 그림자처럼 마음 깊숙한 내면에 숨어서 뭔가를 기다리고 있다는 것에 유념해야 합니다.

나이를 먹어갈수록 우리 인생의
길게 계속된 계단이 짧게 보인다.
어렸을 때는 하루가 일년처럼 보이고
한 해가 한 시대처럼 보인다.

우리들 청춘기의 유쾌한 흐름은
아직 열정이 흩어지기 전에는
평화스런 강물처럼 조용히 흐른다.
풀이 우거진 강기슭을 따라서.

그러나 고뇌로 얼굴이 창백할 때
슬픔의 화살이 계속하여 날아올 때

아아, 별이여! 인간의 생명을 측량하는 듯
어찌 운행이 그렇듯 빠르게 보이는가.

온갖 기쁨이 그 생기를 잃게 되고
생활 그 자체가 무의미해졌을 때
우리가 죽음의 폭포에 들어갈 적에
왜 생명의 흐름을 보다 빨리 느끼는 것일까.
이상하게 생각할지 모르지만,

대체 누가 때의 움직임을 늦게 했다는 것인가?
우리의 친구들은 하나 하나 사라져가고
우리 마음에 돌처럼 맺힌 추억을 되새기게 한다.

하늘의 뜻을 따라 힘이 쇠잔한 노년시절에는
그 보상으로 시간의 흐름을 빨리하고
청춘일 때는 그 즐거움에 적합하도록
시간을 길게 느끼도록 해준다.

– 캠벨 〈인생의 강〉

여성의 성공법

직장 여성으로서 성공하는 비결에 대해서 샌프란시스코 시장이었던 다이앤 파인스타인 여사가 권하는 여성 성공법은 다음과 같다.

① 꾸준히 노력해서 상당한 재량권이나 결정권을 갖도록 할 것. 이것은 4~5년 사이에 가능한 것은 아니니까 끝까지 최선을 다해야 한다.

② 자신이 여성이라는 것을 구실로 삼지 말 것. 자칫하면 중요한 일을 맡기지 않는 경우가 생긴다.

③ 다른 사람보다 일찍 출근하고 늦게 퇴근해서 상사의 눈에 띄게 할 것.

④ 동료 여직원과 유대를 가져서 충고나 정보를 얻도록 할 것.

⑤ 자기만이 할 수 있는 전문 분야를 갖도록 할 것.

⑥ 혼자서만 유별나게 행동하지 말고 동료들과 협력하는 관계를 가질 것.

⑦ 자신이 여성이라는 것을 지나치게 강조하거나 야한 옷차림은 삼가할 것.

⑧ 부하 직원 다루는 법을 연구해 둘 것.

⑨ 도와준 사람에게는 고맙다는 표현을 잊지 말 것.

⑩ 유행에 앞서 가지 말 것.

⑪ 무슨 일이 있어도 남이 보는 데서는 울지 말 것. 도저히 참을 수 없는 경우라 해도 남이 보지 않는 데서 운다면 나쁜 인상은 남기지 않는다.

위의 글을 살펴보면 전부 당연한 이야기라고 하겠지만, 당연한 것을 제대로 실천하지 못하는 데에 문제가 있다. 남자건 여자건 성공의 비결에는 큰 차이가 없지만, 여성이라는 이유 하나로 핸디캡을 갖고 살아야 하는 사회이다 보니 남다른 노력이 필요하게 되는 것이다.

∨∨∨

작은 인생론 | 성은 사랑의 열매이다

우리의 인생을 관찰해 보면 삶에는 한 조각의 사랑도 존재하지 않고 있음을 엿볼 수 있습니다. 만일 그토록 많은 사람들이 사랑을 주고 받고 있다면, 사랑의 물결은 이 지구상에 넘쳐 있을 것이며, 꽃과 향기로 가득 찬 사랑의 정원이 도처에 있을 것입니다.

집집마다 사랑의 등불이 빛난다면 얼마나 밝은 사랑의 따뜻함이 충만되어 있겠습니까? 그러나 불행하게도 우리는 온 세상에 퍼져 있는 증오의 분위기를 느낄 뿐입니다. 이와 같은 불행한 상태에서는 사랑의 빛은 한 줄기도 찾아낼 수 없습니다.

사랑이 도처에 있다고 믿는 것은 그냥 있는 체 할 따름입니다. 사랑의 탐구는 아예 시작조차 불가능합니다. 자연스럽게 성을 솔직히 받아들이지 않는다면 인간은 존재할 수 없습니다.

성이라고 하는 원초적인 에너지는 그 안에 신의 모습을 반영하고 있습니다. 그것은 새로운 생명을 만들어 내는 에너지이며, 모든 것 중에서 가장 위대하고 신비로운 힘입니다. 성은 사랑의 열매입니다.

부자되는 법

돈에 대한 욕심을 버리고 돈이 나를 사랑하도록 만든다.

1. 마음의 그릇을 키운다. 그래야만 많은 것을 담을 수 있다.
2. 어떤 일이든지 정성을 다한다. 그러면 하늘도 감동한다.
3. 한 시간 일찍 일어난다. 부지런함이 성공의 절반은 만든다.
4. 10% 더 일을 한다. 100% 수확이 기다린다.
5. 작은 수입에도 감사한다. 작은 미끼가 대어를 낚는다.
6. 가난을 탓해서는 안 된다. 부자가 될 이유만을 찾는다.
7. 돈의 마음을 읽어라. 그러면 세상의 돈이 나를 따른다.
8. 돈에 끌려 다녀서는 안 된다. 돈을 끌고 다녀야 한다.
9. 돈을 만나려면 일을 사랑해야 한다. 돈은 일을 즐기는 사람을 사랑한다.
10. 돈에도 영혼이 깃들어 있다. 경건한 마음으로 돈을 대해야 한다.

VVV

작은 인생론 | 행복은 마음의 창에 비치는 빛의 모습이다

불행에서 벗어날 수 있는 한 가지 약속은 행복의 눈빛으로 세상을 바라보는 일입니다. 모든 일에 스스로 만족하면서 삶을 살아가는 사람도 있지만, 언제나 슬픔의 강에 자신의 몸을 던지는 불행한 사람도 있습니다. 슬픔으로 자신의 몸을 적시는 사람은 결코 행복할 수 없습니다.

당신의 마음속에 행복이 깃들어 있다면 세상은 온통 환한 빛으로 빛날 것입니다. 그 빛을 따라가면 늘 행복의 길을 걸어갈 수 있습니다. 행복이란 눈으로 보는 것이 아니라 마음으로 느끼는 소중한 빛과 같은 감정입니다.

관용의 눈

어느 시골 성당에 신부를 돕는 어린 소년이 있었다. 어느날 소년은 성찬용 포도주를 옮기다가 실수로 포도주를 담은 그릇을 떨어뜨리고 말았다. 순간 화가 난 신부가 소년의 뺨을 때리면서 외쳤다.

"빨리 꺼지지 못해! 그까짓 일조차 제대로 못하는 녀석, 다시는 제단 앞에 얼씬거리지 마라."

그 후로 소년은 평생 동안 성당에 나오는 일이 없었다. 훗날 무신론자가 되어 공산국가의 대통령이 되었다. 그가 바로 유고슬로비아의 티토 대통령이다.

다른 성당에도 똑같은 심부름을 하는 소년이 있었다. 그 역시도 실수로 성찬용 포도주를 땅바닥에 쏟게 되었지만, 신부는 부드러운 눈빛으로 소년을 바라보며 이렇게 말했다.

"너무 걱정하지 말렴. 넌 앞으로 훌륭한 신부가 될 거다. 나도 너처럼 어렸을 때 실수로 포도주를 쏟은 적이 있었단다. 그런데 지금은 이렇게 신부가 되어 있잖니?"

그 후 어린 소년은 자라서 훌륭한 신부가 되었다. 그가 바로 유명한 풀톤 대주교였다.

∨∨∨

작은 인생론 | 인생이란 긴 여정을 걷는 나그네이다

저녁 무렵, 저 멀리 아련하도록 넓고 푸른 들판을 바라보며 냉랭하고 견고한 현실을 잊어버리는 것, 이것이 바로 행복의 느낌입니다. 물론 이 충만된 감정은 내가 어린 시절에 생각했던 것과는 다른 조용하고 더 쓸쓸한 것이어서 성숙된 아름다움을 느낄 수 있었지만, 심한 갈증과 같은 기쁨을 맛볼 수는 없었습니다. 이렇듯 나만이 간직할 수 있는 조용한 은둔의 행복에서 다음과 같은 지혜를 배웠습니다.

인생이란 긴 여정을 걸어가면서 삶과의 간격이라는 거리를 둔다는 것, 그리고 이 세상의 모든 것들에게 차갑고 잔혹한 고통의 빛을 비추지 않는다는 것입니다. 그러므로 이 모든 것들을 일상 속에서 금박을 씌운 소중한 물건을 만지듯이 조심스럽게 그리고 겸허한 마음으로 접촉해야 한다는 깨달음을 얻었습니다.

처세

넓은 평원에는 갈대숲이 이어져 있고 주위에
올리브나무가 많았다. 갈대와 올리브나무는 태풍이
불어와도 끄떡 안 한다고 싸우듯이 서로 장담을 하였다.

생명이 있는 것들은 남을 부러워하는 것보다 자신에 대한
만족감에 젖어 있을 때가 가장 행복한 순간인지도 모른다.

서로의 장담이 너무 지나쳐서 말다툼이 벌어졌다.

"갈대의 마음이라더니, 너는 바람이
조금만 불어도 머리를 숙이잖니!"

올리브나무가 빈정거리듯이 놀려댔다.

갈대는 아무 대답도 하지 않았다. 조용한
갈대의 모습이 호수에 비쳤다.

얼마 후 태풍이 불었다. 그러자 갈대는 부드럽게 고개를 숙이고
자세를 낮추어 바람을 피했다.

그러나 올리브나무는 세찬 바람을 피하지 않고 맞섰다가 결국 뿌리째 뽑혔다.

∨∨∨

작은 인생론 | 삶에 현명하면 영속적인 기쁨을 얻을 수 있다

우리의 일상생활에는 기쁨이 절대적으로 필요합니다. 우리의 정신은 물론 육체적으로도 건강과 활력을 유지해 나가기 위해서는 기쁨이 필요합니다. 그러므로 작은 일을 통해서라도 기쁨을 갖기 위해서는 성실한 노력이 절대적입니다.

당신이 현명하다면 영속적인 기쁨은 언제라도 얻을 수 있으며, 결코 부정할 수 없는 참된 기쁨을 찾아야 합니다. 그러나 이 세상의 기쁨에는 우리의 선택과 관계없이 자책과 후회의 감정이 따르게 마련입니다.

그러므로 기쁨만을 추구해서는 안 됩니다. 올바르게 삶을 살면 기쁨은 기적처럼 찾아오는 신기루와 같은 것입니다. 이 세상에서 가장 단순하고 비용이 들지 않는 필요에 따른 기쁨이 최상의 행복입니다.

인간의 그릇

어느 날 마호메트가 낮잠을 자다가 눈을 떠보니 고양이 한 마리가 자기 옷자락 위에서 잠을 자고 있었다. 마호메트는 손짓으로 제자를 불러서 가위를 가져오게 하더니 옷자락을 잘라서 고양이가 그대로 자게 하고는 조용히 자리에서 일어섰다고 한다.

인간의 그릇을 알게 하는 것은 사랑과 관용과 타인에 대한 배려에 따라 다르다, 자기 것만 챙기는 사람, 남의 입장을 이해하지 못하는 사람이 큰 인물이 된 경우는 드물다.

∨∨∨

작은 인생론 | 그대 자신이 삶의 목적지이다

하루 하루가 계속되고 우리의 삶을 위해 또 다른 날들이 이어지고, 수많은 아침과 저녁이 반복되고 있습니다. 혼수 상태에서 벗어나지 못한 채 새벽이 되기도 전에 일어나야 하는 또 다른 아침이었습니다,

오! 가을의 잿빛 아침.

내 영혼은 휴식도 없이 지칠대로 지쳐 잠에서 깨어나면 열병을 앓는 사람처럼 더 깊은 잠을 원하면서 죽음의 순간을 느낍니다.

내일 나는 추위에 떨고 있는 이 전원을 떠날 것입니다. 지금 갈색숲에는 찬 서리가 가득합니다.

언덕들이 모여서 쉬고 있는 고원지대
날마다 낮이 숨을 죽이는 석양
배들이 밀려드는 바닷가
우리들의 사랑이 잠자러 오는 밤
밤은 넓은 항만처럼 우리에게 오리라.
한낮의 지친 상념도
광선도, 우울한 새들까지 거리에 모두 모여 쉬리라.
어두운 그늘의 표정, 고요해지는 수림 속
목장의 잔잔한 물, 수풀 우거진 샘.
그리고 기나 긴 여행에서 돌아오는 귀향
반짝거리는 해변의 작은 반란
정박해 있는 낯선 배들.
우리들은 보리라, 가라앉은 물결 위에
방랑하던 닻을 내린 배가
잠들어 있는 풍경을
우리들에게 온 밤이
정적과 우정의 넓은 항만을 펼쳐 놓는 노력을
이제는 바야흐로
모든 것이 잠드는 시간이다.

– 앙드레 지드 〈지상의 양식〉

참 인간은 앞일을 걱정하지 않는다

'처연凄然하여 가을 같고 난연爛然하여 봄과 같다.'

가을이 되어 쓸쓸해지면 사람의 마음은 외로워진다. 봄이 되어 따뜻해지면 사람의 마음은 반짝인다. 그러므로 사람이 기뻐하는 것이나, 화를 내는 것이나, 슬퍼하는 것이나, 즐거워하는 것 모두 자연의 변화와 통하게 된다. 이런 사람을 가리켜 장자는 진인眞人이라고 말한다.

어쨌든 범인 범부凡人凡夫는 나쁜 짓을 해본 경험도 없고, 특별히 마음을 상하게 한 적이 없다 해도 웬일인지 과거가 후회되고 또 앞날이 걱정된다.

『논어』에 '소인은 항상 척척戚戚하다.'라고 했는데, 마음의 평화를 얻지 못한 자는 항상 신경만 쓰고 있다는 뜻이다. 그런데 장자가 말한 것처럼 자연의 물결과 더불어 마음을 쓴다면, 그럴 필요가 전혀 없게 된다.

그래서 장지는, '지인至人이 마음을 쓰는 데는 거울과 같다. 미리 앞일을 걱정하지 않는다.'라고 말한다.

이는 지나 간 과거 일을 후회하지 말라. 미리 장래의 일을 걱정하지 말라는 매우 훌륭한 교훈이다.

∨∨∨

작은 인생론 | 고뇌를 위로할 때 사랑이 발견된다

이 세상의 삶은 눈물의 골짜기도 아니고 시련의 장소도 아닙니다. 사실 이 세상은 우리가 상상할 수 없을 정도로 멋진 낙원이기도 합니다. 이 세상을 살아가는 기쁨은, 인생은 기쁨을 향유하기 위해 존재하는 것이라고 믿을 때 행복을 발견합니다. 만약 그 기쁨이 끝났다면, 어디에 자기의 잘못이 있었는지를 반성해 보아야 합니다.

하루하루 더 나은 인간이 되려고 노력하는 삶보다 아름다운 인생은 없습니다. 실제로 자기 자신이 더 나은 인간으로 성숙되어가고 있다는 것을 느끼는 기쁨은 최상의 보람입니다. 그것이 바로 우리 인간이 오늘날까지 끊임없이 경험해 온 기쁨이며, 진정한 행복임을 말해 주고 있습니다.

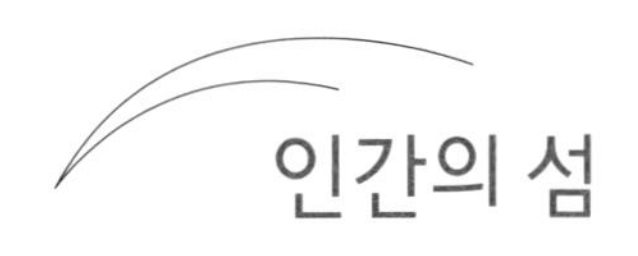

인간의 섬

린드버그의 여사가 쓴 『바다의 선물』이란 책에 다음과
같은 내용의 글귀가 우리들의 마음에 작은 감동을 준다.

'인간은 모두 섬인데, 같은 바다에 있다.'

린드버그 여사는 최초로 대서양 횡단 비행에 성공한
비행사 린드버그의 부인으로서 그녀가 쓴 『바다의 선물』은
한때 베스트셀러가 된 수필집이다.

한적한 섬의 바닷가에서 휴가를 보내며, 단조로운
일상 속에서 구두끈을 매는 일, 조개를 줍는 일 등등
아주 사소한 시간의 파편들을 담담하게 관조한 내용으로
많은 사람들에게 삶의 의미를 부여하고 있다.

'섬이란 얼마나 아름다운 곳인가, 내가 지금 존재하고
공상하고 있는 공간적인 섬도 좋다. 몇 마일이고 계속되는
바다에 둘러싸인 채 섬과 육지를 연결하는 다리도

전화도 없이 섬은 세계와 인간생활로부터 떨어져 있다.
또한 시간적인 의미의 섬도 좋다. 우리 인간은 모두
섬인데, 단지 하나의 같은 바다에 있다고 생각한다.'

∨∨∨

작은 인생론 | 삶의 불을 켤 때 기쁨의 문이 열린다

나는 당신의 밝은 이마 위에 파르르 떨고 있는 우수의 그림자를
보고 놀라지 않을 수 없었습니다. 고개를 숙일 때마다 드러나는
당신의 연약한 목과 지친 듯한 몸짓, 파리한 얼굴 표정에서
지나온 세월이 가져다준 번민의 맥박을 읽을 수 있었습니다.

어서 빨리 내 곁으로 달려와서 마음껏 눈물을
흘리십시오. 지금은 가을입니다. 조금씩 깊어가는 이
계절은 젊음의 시간을 재촉하는 하나의 경고와 같습니다.
당신은 이미 내 눈빛에서 그것을 읽을 수 있었을 것입니다.
아니면 당신보다는 내 손에, 내 이마에, 더 깊은 곳에서
번민의 슬픈 강물이 소리치며 흐르고 있습니다.

4

삶은 깊은 집중의 시간이다

나의 집이 나에게 말합니다.
"나의 곁을 떠나지 마세요.
당신의 과거가 여기에 머물고 있으니까요."

길이 나에게 말합니다.
"어서 나를 따르세요.
내가 바로 당신의 미래이니까요."

나는 집과 길
모두에게 대답해 주었습니다.
"나에게는 과거도 미래도 없다.
만약 내가 여기 머무른다면
이 머무름 속에 나의 나아감이 있고
또 내가 이 길로 나아간다면
그 나아감 속에 머무름이 있다.
오직 사랑과 죽음만이
모든 것을 바꿀 수 있을 뿐이다."

– 칼릴 지브란 〈삶의 머무름〉

직장은 인생의 학교

직장은 '돈을 받으면서' 공부를 할 수 있는 곳이다. 직장에 다니면서 고시 공부나 자격시험 준비를 할 수 있다는 뜻이 아니라, 일을 배울 수 있고, 사람을 만날 수 있고, 뜻을 펼 수 있는 곳이라는 말이다.

'학비를 내고, 매를 맞으면서' 다니던 학교와는 달리, 돈을 받으면서 배우는 인생의 학교라는 뜻이다.

처음 취직을 했을 때는 신입생과 같다. 처음부터 여러 가지를 배우기 시작하다가 경험과 실력이 늘면서 상급반으로 올라간다. 그 동안에 배운 것이 하나 하나 일의 실력이 되고 관록이 되고 명예가 된다. 그리고 그에 따라서 보수도 많아진다. 그렇게 계속 상급반으로 올라가다 정년이나 은퇴의 시기가 되면 '빛나는 졸업장'을 받는다.

그러나 공부를 게을리한 사람은 유급되거나 도태되기도

한다. 자기 계발을 게을리하고 업무 지식을 연마하지 않으면 낙오하고 만다. 직장을 인생의 학교라고 생각하는 사람, 무엇이건 배워서 실력을 쌓아가겠다고 생각하는 사람은 계속 성장해 간다. 공부에 재미를 붙여서 노력하는 학생은 성적이 오르고, 일에 재미를 붙여서 노력하는 사람은 업적이 오른다.

인생 자체가 바로 삶의 학교이기 때문이다.

∨∨∨

작은 인생론 | 사랑으로 조금씩 과거를 지워버리자

장밋빛으로 타올랐던 우리들의 젊음과 사랑의 계절은 이미 지나가 버렸습니다. 그러나 젊은 날이 남기고 간 그 짙은 여운은 아직도 우리를 부드럽게 감싸고 있습니다. 이제 그 시간의 뒷자리에 남은 우리들은 사랑의 아픔을 과거 속에 아름다운 추억으로 잠재우기 위해 노력하지 않으면 안 됩니다. 그것은 우리의 가슴 속에 영원히 살아 있는 찬란한 추억의 빛으로 삶을 풍요롭게 합니다. 그런 다음, 우리들은 조금씩, 아주 조금씩 과거를 잊어버리면 됩니다. 우리의 아름다운 노래, 사랑의 노래를 말입니다.

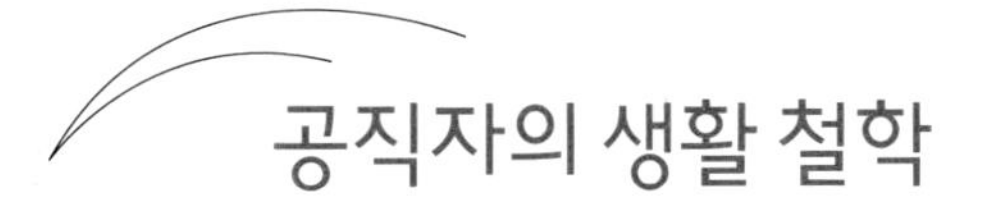

공직자의 생활 철학

우리의 선조들은 '사불삼거四不三据'라는 불문율을 지킴으로서 청렴을 생활 신조로 하여 공직자의 임무를 수행하였다.

사불四不

- 부업을 가져서는 안 된다.
- 재임중에 땅을 사면 안 된다.
- 집을 늘려서는 안 된다.
- 재임 중에 명품을 탐하면 안 된다.

삼거三据

- 윗사람이나 권력가의 부당한 요구를 거절한다.
- 청탁을 들어준 답례를 거절한다.
- 경조 · 애사의 부조를 받지 않는다.

∨∨∨

작은 인생론 | 실존은 삶의 숲이다

이따금 나는 과거 속에서 한 묶음의 추억을 찾아 젊은 날의 이야기를 아름답게 꾸며 보려고 노력해 보지만, 등장하는 인물은 내가 아니며, 다시 태어날 내 모습은 흔적도 없이 사라져버렸습니다.

나는 끊임없이 새로운 순간 속에서 낯선 인물 같다는 생각에 스스로 놀라는 환상에 빠집니다. 때로는 마음을 가다듬고 명상에 잠긴다는 것은 나에게 있어 불가능한 구속입니다.

나는 오랫동안 '고독'이란 말의 의미를 잊고 있었습니다. 스스로 마음속에 홀로 잠겨 있었다는 것은 이미 내 존재가 아무것도 아니라는 사실을 증명하는 아픔이기도 합니다. 나는 수많은 분신으로 나뉘어 떠돌고 있을 뿐입니다.

그러므로 나는 도처에서 방황하거나 아니면 나의 집에 갇혀 견고한 성을 쌓는 이중의 고통을 겪고 있습니다. 그러면 욕망은 나를 가장 궁핍한 자로 몰아세웁니다.

아무리 아름다운 추억일지라도 나에게는 행복의 잔해에 지나지 않습니다. 아주 작은 물방울일지라도, 그것이 삶이 가져다준 소중한 눈물 방울일지라도 말입니다. 그것이 나의 손을 적셔주면 더 귀중한 현실이 되는 아픔으로 성장합니다.

어울리는 사람

남과 잘 사귀는 사람이 있다. 사교성이 있는 사람을 말한다. '인간은 사교적 동물'이라고 한 세네카의 말을 빌리지 않더라도 사교적이건 비사교적이건 인간은 어떤 형태로든 사귐을 통해서 사회의 구성원으로 생활을 영위한다.

비사교적인 사람은 사람 만나기를 싫어해서 본의 아니게 손해를 입는 경우도 있다. 물론 사교적인 사람이라고 해서 항상 환영 받는 것은 아니다. 주책없이 아무 데나 끼여든다는 평을 듣는 사람은 어울리면서도 환영 받지 못하는 사람이다.

논어를 보면 '군자는 화이부동和而不同하고, 소인은 동이불화同而不和'한다는 말이 있다.

'군자는 어울리되 동화되지 않고, 소인은 동화되면서 화합하지 않는다.'는 뜻이다.

군자는 진실되게 화합은 할지언정 부화뇌동附和雷同하지 않는 사람이고, 소인은 부화뇌동하면서도 불화를 일삼는 사람을 말한다. 부화뇌동이란 주체성없이 쉽게 남의 일에 휩쓸리므로 주체성을 잃지 않으면서도 조화를 이루는 것이 군자이고, 주체성없이 휩쓸려 다니면서도 조회를 이루지 못하는 것이 소인이다.

이렇듯 잘 어울리면서도 개성을 잃지 않는 마음가짐이 군자의 모습이다.

∨∨∨

작은 인생론 | 사랑은 깊은 집중의 시간이다

그렇습니다. 입술 위에 떠오르는 모든 웃음에 부딪칠 때마다 입을 맞추고 싶었습니다. 뺨 위에 번지는 홍조를 볼 때마다, 눈 속에 고이는 눈물을 볼 때마다, 나는 그것을 마시고 싶었습니다. 나에게로 기울여주는 나뭇가지의 달콤한 열매를 깨물고 싶었습니다.

어느 낯선 길 위의 작은 주막에 이를 때마다 심한 굶주림이 나를 맞아주었습니다. 샘물은 나의 갈증을 기다리고 있었습니다. 걷고 싶은 욕망, 거기에서 길이 열리고, 쉬고 싶은 욕망 거기에서 그늘이 부르며, 깊은 물가에 서면 헤엄치고 싶은 욕망, 침대 곁으로 다가가면 자고 싶은 사랑의 욕망, 내 앞에서 모든 욕망이 무지개처럼 찬연하고 사랑의 옷을 입고 아롱지어 빛나기를 갈망합니다.

'사랑은 깊은 집중의 시간입니다.'

사람이 지켜야 할 규범들

토마스 제퍼슨은 '미국독립선언서'를 작성하여 공포한 후 제3대 대통령에 오른 역사적 인물이다. 정계에서 은퇴한 후에는 버지니아 대학을 창립하고, 미국 철학협회 회장직을 지낸 철학자로서 정치가, 사상가, 과학에도 남다른 조예가 깊었다.

한편 교육자 제퍼슨은 사람이 지켜야 할 규범을 다음과 같이 열거하였다.

1. 오늘 할 일을 내일로 미루지 않는다.
2. 자신이 행한 일로 다른 사람을 괴롭히지 않는다.
3. 아직 벌지 않은 돈을 미리 예측하고 쓰지 않는다.
4. 물건이 싸다는 이유 때문에 불필요한 것을 사지 않는다.
5. 자존심을 지킨다는 것은 배고픔이나 목마름, 추위보다 더 고통스럽다는 것을 깨달아야 한다.

6. 현재의 생활이 어렵다고 자신의 삶을 후회해서는 안 된다.
7. 즐거운 마음으로 일을 하면 하루가 순조롭다.
8. 일어나지도 않은 일에 미리 걱정하지 않는다.
9. 매사를 편한 마음으로 긍정적으로 생각한다.
10. 화가 나면 말하기 전에 열까지 세어본다. 그래도 화가 계속되면 백까지 세어볼 일이다.

∨∨∨

작은 인생론 | 별은 빛으로 여행한다

잠시 귀를 기울이고 눈을 들어 불필요한 견해 차이로 다투는 맹렬한 논쟁에서 벗어나 별들이 운행하는 찬란한 밤하늘을 우러러보며 삼라만상에 귀를 기울이는 여유를 가져보면 알 수 없는 생명들이 부산스럽게 자기의 자리를 찾아 어둠 속 어디론가 달려가는 모습을 볼 수 있을 것입니다. 과연 그것은 우리 인간에게 무슨 의미를 주는 것일까요.

잠시 동안만 밤하늘을 우러러보면 찬란한 성좌에서 보내오는 아득한 빛은 우리의 눈과 만나기 위해서 수백 년을 여행하고 있는 셈이 아닌가. 저 아득한 곳에서 비치는 빛은 수십만 광년 전에 우리를 향하여 여행하고 있었던 것입니다.

대접 받는 법

한때 공자가 자공子貢과 자로子路를 데리고 다니다가 길을 잃어 산간 오두막집에서 머물었다.

늙은 주인은 콧물을 들이마셔가며 흙냄비에 좁쌀 죽을 끓여 이 빠진 그릇으로 대접하였다.

더러운 주인의 손이나 그릇을 본 제자들은 감히 먹을 엄두도 못 냈는데 식성이 까다롭기로 유명한 공자는 맛있게 먹는 것이었다.

"너희들은 이빠진 그릇이나 콧물밖에 보지 못하고, 그 노인의 성의와 친절을 받아들이지 못하다니 슬프구나. 대접은 할 줄도 알아야 하지만 받을 줄도 알아야 한다."

이에 비하면 작곡가 쇼팽의 속좁음(?)이 보이는 일화도 있다.

어느 날 억지로 쇼팽을 초대한 사람이 식사가 끝나자 피아노 연주를 부탁했다. 어떤 곡의 마지막 부분을 연주하고 일어서자, 집주인이 말했다.

"아이고, 어쩌면 그렇게 짧은 곡일까요?"

"미안합니다. 그만큼밖에 대접을 받지 못했기 때문입니다."

황금률黃金律은 '네가 남에게 대접 받고 싶은 만큼 먼저 남에게 행하라'하는 뜻이다.

서양에서는 공자식으로 '원하지 않는 것을 남에게 하지 말라' 하는 소극적인 것을 은률銀律이라 하는데, '행하라'와 '하지 말라'의 차이다.

공자는 '네가 원하지 않는 것을 남에게 하지 말라 (기소불욕己所不慾 물시어인야勿施於人也)'고 했는데, 이 말이 서恕라는 말을 설명하고 있다고 한다.

서는 인仁이라는 말로 바꾸어 타인에 대한 배려, 인간으로서의 공감, 연대감을 뜻한다.

∨∨∨

작은 인생론 | 행복은 타인에게 증여함으로써 얻어진다

나의 행복은 타인에게 증여함으로써 이루어집니다. 그렇다면 죽음도 내 손 안의 행복을 앗아가지 못할 것입니다. 죽음이 기껏 나에게서 빼앗아 갈 것이 있다면

재물, 자연적인 환경, 다시 말해서 누구에게나 공통적으로 독점하기에는 어울리지 않는 재물일 것입니다.

이미 나에게 그러한 재물은 가치가 없습니다. 진정으로 나에게 필요한 것이 있다면 산해진미보다는 시골집의 거치른 음식, 대리석 돌담으로 둘러싸여 있는 아름다운 정원보다는 생울타리 뜰안의 작은 꽃밭, 희귀한 호화판 서적보다는 산책할 때 편하게 가지고 다닐 수 있는 문고판 책을 더 가까이 하고 싶습니다.

이렇듯 행복은 타인의 행복을 증가시키는데 있습니다. 내가 행복하려면 만인의 행복이 더 필요하다는 것을 마음에 두어야 하겠습니다.

인격의 무게

옛날 선비들은 외형상 남루한 옷을 걸치고 있었을 망정 체통을 세워야 한다는 자기 관리 의식이 있었고, 보통 사람과는 달라야 한다는 선민정신을 가지고 있었다.

오늘날의 기준으로 보면 무능한 자로 세상의 일과는 타협할 줄 모르는 융통성 없는 선비로 보일 것이다. 그러나 인격의 무게를 더하고 그것을 지키려고 노력한 사람들이었다는 점은 부인할 수 없다.

현대인이 말하는 인격이란 옛날 사람의 인격과는 같을 수 없겠지만, 몇 가지 공통점이 남아 있음을 엿볼 수 있다.

1. 부정을 멀리한다.

부정한 방법으로 부와 명예, 권력을 탐하지 않는 정신을 소유하고 있다.

2. 염치를 안다.

매사에 조심하고 삼가는 사람을 나약하고 온순하게 보일지라도 인격의 향기를 느끼게 해준다.

3. 정의와 의리를 중요시한다.

자기 중심적, 자기 본위로 눈앞의 이익을 쫓아 성공은 하였으나 인격의 무게를 느낄 수 없다.

4. 흔들리지 않는 가치관을 가지고 있다.

뿌리 깊은 나무와 같은 모습으로 의연함을 잃지 않음이 인격이라고 믿고 있다.

∨∨∨

작은 인생론 | 삶은 아주 작은 것들로 이루어진다

"삶이란 아름다움이며 슬픔이자, 곧 기쁨이며 혼란함입니다. 또 삶이란 나무며, 새며, 물 위에 비친 달빛이기도 합니다. 삶이란 일이며, 고통이자 희망인 것입니다. 삶이란 죽음이며 미명을 부인하거나 내세를 믿는 것이기도 합니다.

삶이 바로 선이며, 미움이며 시기인 것입니다. 삶이란 야망이자 탐욕이며, 사랑이자, 그것이 충족된 힘이 바로 삶의 모습입니다. 삶이란 창조력이 있는 것이어서 기계를 이용한 능력을 생산하기도 합니다. 삶이란 믿어지지 않는

황홀한 것이며, 투명한 마음의 사색이고, 고요한 명상을 하는 일입니다. 이렇듯 삶이란 모든 것을 의미합니다. 그렇지만 사사로운 마음과 혼란스러운 마음을 가지고 어떻게 삶의 참다운 모습을 볼 수 있겠습니까? 바로 이 점이 중요한 것이지. 삶이 무엇인가를 설명하는 것은 중요하지 않습니다.

우리의 모든 질문과 그 대답은 바로 이런 삶의 접근에 달려 있다는 점을 명심하시기 바랍니다.

삶은
아주 작은 것들로 이루어졌다.
위대한 희생이나 의무가 아니라
미소와 위로의 말 한 마디가
우리의 삶을 아름다움으로 채운다.
간혹 가슴 속으로 아픔이 오고 가지만
그것은 다른 얼굴을 한 축복일 뿐
시간의 책장을 넘기면
위대한 놀라움을 보여줄 것이다.

– 메리 R. 하트먼 〈삶은 아주 작은 것들로 이루어졌다〉

인격을 키우는 습관

"나는 타인의 의견에 대해 정면으로 반대한다든지, 내 의견을 단정적으로 표현하는 일은 삼가기로 했다.

예컨대 '확실히', '의심할 바 없이'와 같은 결정적인 말을 사용하는 대신에 '제 생각은 이렇습니다만, 그러나…' 하는 식으로 의사를 소통할 것이다.

상대의 잘못이 분명한 경우에도 곧바로 반대하거나 지적하지 않고 '그런 경우도 있겠군요. 그렇지만 이 경우는 좀 사정이 다르다고 생각합니다.'하고 말머리를 돌리는 것이다.

처음에는 흥분을 자제하기 어려웠지만, 이제는 아주 익숙하게 되었다.

50여 년 동안 나에게서 독단적인 발언을 들은 사람은 거의 없을 것이다. 제2의 천성이 된 이 방법으로 나는 많은 일을 성취할 수 있었다."

미국의 교육자이며 사회 운동가 벤저민 프랭클린의 말이다.

∨∨∨

작은 인생론 | 기쁨은 수확을 거두면서 지나간다

어느 때든지 기쁨이나 괴로움을 자신에게 바칠 수 있는 까닭으로 해서 생명을 사랑하지 않으면 안 됩니다. 그것은 기쁨보다는 괴로움에 더 애착을 가질 것입니다.

기쁨은 수확을 거두면서 지나가지만 고통은 씨를 뿌리면서 지나갑니다. 저녁이 도래했을 때 비로소 불모의 밭 또는 비옥한 땅이 어떤가를 발견할 수가 있는 것입니다.

이제 똑같은 마음을 가지고 기쁨의 나날과 괴로움의 나날을 보내야 합니다. 생명이란 그것들 상호간의 노래입니다. 그것뿐만 아니라, 산다는 것은 어떠한 계절에도 언제나 싸우고 있다는 것을 우리들은 삶을 통해 너무나 잘 알고 있기 때문입니다.

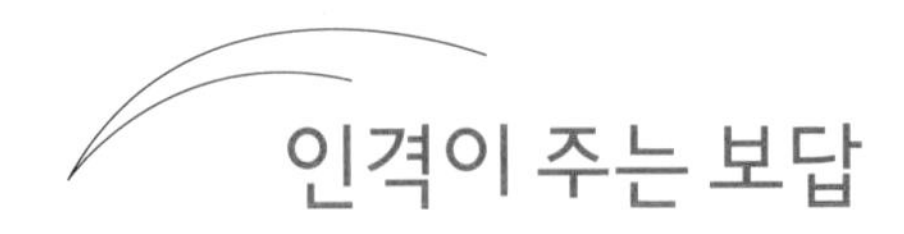

인격이 주는 보답

양반 두 사람이 집으로 돌아가는 길에 고기를 사게 되었다. 푸줏간에는 나이가 많아 보이는 백정이 이들을 맞았다.

"여봐라. 고기 한 근만 다오."

"예, 그러지요."

함께 온 다른 양반은 백정이 천한 신분이기는 해도 나이가 많아 보여 함부로 말할 수가 없었다.

"여보게. 나도 고기 한 근 주게나."

"예, 그렇게 하겠습니다."

조금 전보다 매우 공손한 태도를 취했다. 그리고 저울을 넉넉하게 달았다.

"이 놈아. 같은 한 근인데 어째서 이 사람 것은 많고, 내 것은 적단 말이야?"

불같은 호령에도 나이 많은 백정은 태연했다.

"예, 별것 아닙니다. 그야 손님 고기는 '여봐라'가 자른 것이고, 이 분의 고기는 '여보게'가 잘랐을 뿐입니다."

∨∨∨

작은 인생론 | 사랑은 준비되어 있는 인생의 텃밭이다

당신은 이 지상에 머무르는 동안 삶의 메마른 텃밭에 사랑의 씨를 뿌리기에 열중해야 할 도덕적 책임이 있습니다. 그 뿌려진 씨가 모두 싹이 튼다고 단정할 수는 없습니다. 하지만 사랑의 씨가 모래밭이나 자갈 땅에 떨어져서 실패한다는 법도 없습니다. 왜냐 하면 세상은 사랑을 매우 필요로 하고 있으며, 우리 인간이 사랑을 평가하는 데에는 변함이 없을 것이기 때문입니다.

사랑의 씨를 뿌리는 방법을 하루 하루 터득해 가는 것이 삶을 위한 최선의 길이라고 봅니다. 그러므로 시험 삼아 당신의 마음에 사랑의 씨를 뿌리고 그것을 선량함의 물줄기로 가꾸어 보시기 바랍니다. 그것이 자라 사랑의 꽃이 필 때 당신의 삶도 풍요로워집니다.

친구는 인생의 그림자

'어느 누구도 잃어버린 친구를 대신할 수는 없다.

옛 동료를 만들어 낼 수도 없다. 그렇게 많은 공동의 추억, 함께 겪었던 위험한 순간들, 불화와 화해, 마음의 동요….

세상의 어느 것도 이와 같은 귀중한 경험들과 견줄 수는 없다. 어느 누구도 이런 우정의 흔적을 다시 만들어 내지는 못한다.

덧없는 인생살이에서 친구들은 나에게서 하나 하나 그들의 그림자를 끌고 가 버린다. 그런 그 후부터는 늙음에 대한 남모르는 회한이 슬픔 속에 섞여드는 것이다.'

생텍쥐페리가 쓴 글에 나오는 말이지만, 책임감, 친구에 대한 자부심, 그에 대한 사랑의 의미를 새삼 느끼게 해주고 있다.

이렇듯 친구는 내 삶의 그림자이며, 나를 증명하는 존재의 이정표이다.

∨∨∨

작은 인생론 | 명상은 빈곤한 삶을 치료해 준다

명상은 확고한 우리의 삶을 치료할 수 있는 마지막 수단입니다. 그것이 내부 세계에 올바르게 투사되어야만 효과를 얻을 수 있습니다. 만일 자신의 명상을 자신의 병적인 부위에 투사할 수 없다면, 당신은 건강을 회복시킬 수 없습니다. 하지만 명상이 자신의 역할을 다해서 더 이상 필요치 않게 되는 날 당신에게 진정한 평온이 찾아올 것입니다.

나는 누구인가?
자기라는 것은 허구의 개념 하나의 생각,
머리 속의 거품에 불과하다.
비누방울이다. 그 이상 아무것도 아니다.
나란 존재는 이미 당신이 구하고 있는
바로 그것이다.

우정의 향기

가난한 집안에서 태어난 밀레는 그림 공부를 하기 위해 파리로 가고 싶었지만, 가족을 남겨 둔 채 떠날 수가 없었다.

그런 어느 날 밀레의 그림 솜씨를 아끼는 친구가 가족은 자기가 돌보아 줄 터이니 유학을 가라고 권고했다.

친구의 도움을 받아 파리로 나왔지만, 가난한 밀레는 돈벌이를 위해서 하는 수 없이 누드를 그려 생활을 꾸려 나갔다. 그러자 밀레의 그림을 본 사람들의 비웃는 소리를 듣고 농촌과 농민의 그림을 그리자는 결심을 하기에 이른다.

하지만 생활은 더 어려워지고 추운 날에 땔감이나 식량조차 제대로 마련할 수 없는 형편에 놓여 궁핍한 나날을 보내지 않으면 안 되었다.

어느 날 친구 장 자크 루소가 찾아왔다.

"이봐 좋은 소식이 있어. 자네 그림을 사겠다는

사람이 나타났다는 말일세. 여기 돈도 있잖아."

하며 3백 프랑이라는 큰 돈을 내놓았다.

"그림 선택을 나에게 맡겼으니까, 저 '나무 심는 농부'를 주게."

오래간만에 밀레의 가족은 궁핍에서 벗어날 수 있었다.

몇 년 후 루소의 집을 방문한 밀레는 깜짝 놀라지 않을 수 없었다. 루소의 집에 그 '나무 심는 농부'가 걸려 있었던 것이다.

∨∨∨

작은 인생론 | 삶을 사랑하고 있는 것은 번뇌이다

괴로움 속에 자기 자신만이 홀로 빠져 있다고 생각해서는 안 됩니다. 괴로움은 당신의 이름, 당신의 얼굴, 당신의 상처를 가지고 있습니다. 그럼에도 불구하고 우리들에게 있어서 그것은 하나의 신비입니다.

침대에 누워 있는 자, 병원에서 죽어가는 자, 도덕적으로 회복할 수 없는 자, 희망없이 십자가에 매달려 있는 자, 이들 영혼이 메마른 사람들을 생각해 보시기 바랍니다.

슈베르트는 한 친구에게 다음과 같은 글을 썼습니다.

'나의 고통으로부터 탄생한 음악은 다른 사람들에게 가장 큰 기쁨을 줍니다.'

바하는 열 셋의 아이를 잃고 장님이 되어 홀로 어두운 방안에서

긴 시간을 보내면서 세계 평화를 기원하는 성가聖歌를 구두로 썼습니다. 또한 베토벤은 귀머거리 장애자로 친구도 애인도 없이 심포니 제 9번 '환희의 송가'를 썼습니다.

고독한 철학자 쇼펜하우어는 우리들에게 '고통은 성스러운 것, 정화淨化와 해방의 수단'이라는 것을 가르치고 있습니다. 우리는 하나 하나의 고통 앞에 하나 하나의 불을 켜지 않으면 안 되는 선택된 존재입니다.

마음의 문

타인으로부터 호감을 받는 사람을 보면 우선 상대방을 대하는 태도가 다르다는 것을 알 수 있다. 자기에게 상냥하게 대해주고, 자기 일을 이해해주는 사람에게 악의를 품는 사람은 없다.

반대로 일방적으로 강요 받게 되면 화가 나고 싫어하게 되고 기피하고 싶은 마음이 생긴다. 사람은 누구나 자신의 장점을 알아주길 바라고 괴로움이나 고통을 헤아려주었으면 하는 욕구가 마음 한구석에 있다.

이러한 마음을 이해해주지 않고 무시한다면 마음의 문을 닫아버리게 된다.

K라는 여직원의 예를 들어보면 일에 대한 열의를 잃고 "나는 이 자리에 필요 없는 사람인 것 같애." 하고 자신감을 스스로 상실해 버린다.

그 이유는 그녀가 실수를 해도 누구 하나 일언반구없이

차가운 시선으로 바라볼 뿐만 아니라 어쩐지, 제쳐놓은 사람 취급을 받는 듯한 느낌을 가졌기 때문이다.

그런데 사실은 K양 자신이 타인의 입장이나 기분은 알려고 하지 않고, "나는 대단한 사람인데, 아무도 알아주지 않는다."는 자만심을 갖고 스스로 마음의 문을 닫고 있었던 것에 더 큰 문제가 있었다.

∨∨∨

작은 인생론 | 덧없는 목숨의 대가를 가진 존재가 인간이다

나의 마음속에는 신념이 없고 모순된 희망만이 작은 등불처럼 흔들리고 있습니다. 떠나온 곳으로 되돌아갈 수 없을지도 모른다는, 길을 안내한 안내인을 설득시킬 수 없을지도 모른다는 막연한 패배감이 나를 망설이게 했습니다. 그렇습니다. 도대체 왜 할 수 없다는 것일까요?

'우리가 떠나온 저쪽은 몇 배나 아름답지 않았는가. 그곳에서의 생활은 더 밝고 따뜻하고 정답지 않았는가. 나는 약간의 행복과 밝은 생활, 그리고 푸른 하늘과 아름다운 꽃에 충족된 가치를 요구할 권리를 가진 인간, 덧없는 목숨의 대가를 가진 존재가 아닌가.'

마음을 낚는 법

강태공 여상의 병법서『육도六韜』를 보면 첫머리에 문왕과 강태공이 만나는 장면이 나온다.

문왕이 강태공에게 말했다.

"낚시하는 것이 즐거워보입니다."

"군자는 자기의 이상이 실현되는 것을 기뻐하고, 소인은 눈앞의 일이 이루어지는 것을 기뻐하지요. 소신이 지금 낚시질을 히는 것도 그러한 일과 흡사합니다."

그래서 문왕이 무엇이 흡사하냐고 물었다.

"낚시에는 세 가지 방법이 있습니다. 물고기를 불러 모우는 법은 임금이 봉급으로 인재를 부리는 것과 같고, 고기가 끌려와서 잡히게 하는 법은 임금이 신하로 하여금 목숨을 바치게 하는 것과 같고, 물고기의 크기에 미끼를 조절하는 법은 임금이 인물에 따라서 벼슬의 정도를 정하는 것과 같은 이치옵니다."

그리하여 물고기를 낚는 법과 사람의 마음을 사로잡는 법에 대해 비교하면서 설명하자, 임금의 스승으로 발탁되어서 천하 통일의 대업을 이룬다.

강태공은 문왕이라는 대어大魚를 낚았고, 문왕은 강태공이라는 대어를 낚은 셈이다.

∨∨∨

작은 인생론 | 삶의 역사는 여명의 빛으로 써야 한다

인생은 일하지 않고 즐기기 위해 존재하는 것이 아닙니다. 우리의 인생은 끊임없이 투쟁하고 앞을 향해 달려야만하는 생존의 고뇌가 있습니다.

악에 대한 선의 대결, 불의에 대한 정의의 투쟁, 억압에 대한 자유의 항거 ,독재에 대한 용서의 현장이 있습니다. 우리의 인생은 머리와 가슴으로 자아의 실현을 위해 여명의 빛을 밝히는 표상의 대상입니다.

그늘에 앉아서 이미 잃어버린 빛을 바라보고, 저녁에 멀리 사라진 아침을 바라보는 것을 배우지 않으면 안 됩니다.

마음을 비우는 지혜

갈대밭에 바람이 불면 갈대잎이 수런수런 소리를 낸다. 그 바람이 지나가면 언제 그랬냐는 듯이 조용하다. 소리가 남지 않은 탓이다.

기러기가 고요한 호수를 날으면 그림자가 물 위에 비친다. 그러다 기러기가 지나가고 나면 그림자는 남지 않는다. 눈앞에 일이 생기면 마음이 움직이는데, 일이 끝나고 나면 과연, 우리의 마음은 비어지는 것일까? 이렇게 마음을 비울 수만 있다면 건강한 육체에 밝은 정신이 깃들 것이다.

마음속에 불만이 없으면 몸이 편하다.
마음속에 자만이 있으면 존경심을 잃는다.
마속에 욕심이 없으면 의리를 행한다.
마음속에 노여움이 없으면 말씨도 부드러워진다.

마음속에 용기가 있으면 뉘우침이 없다.
마음속에 인내심이 있으면 일을 성취한다.
마음속에 탐욕이 없으면 아부하지 않는다.
마음속에 잘못이 없으면 두려움이 없다.
마음속에 흐림이 없으면 항상 안정을 가질 수 있다.
마음속에 교만이 없으면 남을 공경한다.

∨∨∨

작은 인생론 | 나무나 새는 미래를 고민하지 않는다

우리는 마치 한 개의 양파와 같은 존재입니다. 그 껍질을 벗겨내고 안으로 들어가보면, 벗기면 벗길수록 새로운 층이 나타납니다.

다음 층, 그리고 또 다음의 새로운 층, 그리하여 어느 곳에 이르면, 문득 양파 전체가 없어져 버립니다. 속은 텅 비어 있습니다. 그것이 바로 우리의 본성입니다.

나무나 새들은 미래 따위를 고민하지 않습니다. 강물은 그저 게으르게 정말 조용하게 마치 흐르고 있지 않은 것처럼 흘러갑니다. 무엇 하나 서두르고 있는 것이 보이지 않습니다. 그러므로 실존이란 자기를 보는 거울과 같습니다.

나무의 지혜

노자老子가 제자들과 숲속을 지나갈 때, 몇 백 명이나 되는 목수들이 나무를 베고 있었다. 궁궐을 짓기 위함이었다.

숲의 나무가 몽땅 벌채되려는 위기에 놓여 있는데, 딱 한 그루의 나무가 우람한 가지를 거느리고 서 있었다.

큰 나무였다. 몇 천이나 되는 나뭇가지—일만 명 가량의 사람이 앉을 수 있을 만큼 나무는 그늘을 드리우고 있었다.

노자는 제자들에게 숲의 나무를 모두 베고 있는데, 그 큰 나무가 베어지지 않은 이유를 알아오라고 했다.

목수들이 전한 이야기로는,

"이 나무는 도무지 쓸모가 없기 때문이지요. 가지마다 공이가 너무 많이 박혀 있어요. 곧게 뻗은 가지가 하나도 없어요. 그래서 기둥으로 쓰지 못합니다. 가구를 짤 수도 없답니다."

그러자 노자는 제자들을 둘러보며 말했다.

"저 늙은 나무의 살아남는 지혜를 배워야 하느니라."

∨∨∨

작은 인생론 | 고통의 길에는 푸른 하늘이 보이지 않는다

괴로워한다는 것은 영혼의 사슬입니다. 괴로움을 견디어간다는 것은 한 쌍의 날개와 같습니다. 괴로워한다는 것은 호출을 받는 것이며, 괴로움을 견디어간다는 것은 그대로 받아들이는 것을 의미합니다. 괴로워하는 사람은 지상에 눈을 돌리고 괴로움을 견디어가는 사람은 눈을 하늘로 향해서 뜹니다. 그러나 세상에는 괴로움을 견디어 갈 수가 없어서 괴로워하고 있는 사람들이 너무나 많습니다.

사랑의 빛깔

헨리 드러먼드라는 심리학자의 분석에 의하면 사도 바울이 말한 고린도 전서 13장의 내용을 살펴보면 사랑은 인내 , 친절, 겸손, 관용, 예의, 무사욕, 온유, 순수, 진실 등 9가지 빛깔이라고 표현하고 있다.

- 사랑은 오래 참습니다.(인내)
- 사랑은 친절합니다.(친절)
- 사랑은 시기하지 않습니다.(관용)
- 사랑은교만하지 않습니다.(겸손)
- 사랑은 무례하지 않습니다.(예의)
- 사랑은 사욕을 품지 않습니다.(무사욕)
- 사랑은 성을 내지 않습니다.(온유)
- 사랑은 오래 참고 변함이 없습니다.(순수)
- 사랑은 불의를 보고 기뻐하지 아니하고, 진리를 보고

기뻐합니다.(진실)

∨∨∨

작은 인생론 | 사랑은 사랑을 위해서 있는 것이다

이제 당신은 사랑을 향해 미소 짓고 있습니다. 당신은 이미 오래 전부터 멀리 있는 다른 사람의 마음에 신비스럽게 외치는 것 같이 사랑을 간직하고 있습니다. 어쩌면 꿈속까지일지도 모릅니다.

당신의 투명한 몸 속에는 티끌 하나 없는 원시의 경악이 머물러 있습니다. 어떻게 해서든지 그 놀라움을 언제까지나 잃어버리지 말고 간직해야 합니다. 놀랄 수 있다는 것은 행복하다는 하나의 증거입니다. 당신의 입술에는 마치 꿈속에서 본 것 같은 미소가 실려있습니다. 미소를 짓는다는 것은 주위에 기쁨을 주는 일입니다.

이와 같이 당신의 영혼은 어떤 때는 몸에, 어떤 때는 입술 위에서 부드럽게 떨리고 있습니다. 그리하여 무엇인가를 바라볼 때도 미소를 지을 때에도 그 영혼은 사랑을 이야기하고 있는 것입니다. 당신이 마음속에 깊이 간직하고 있는 사랑에 대한 약속은, 사랑을 믿는 당신은 결코 사랑으로 배반 당하는 일은 없을 것입니다.

행복이란

행복함은 아침에 일어나 정원에 꽃이 피어 있음을 볼 때

행복함은 온 가족이 모여 화목하게 음식을 먹을 때

행복함은 손님도 찾아오지 않고 마음을 기울여 책을 읽을 때

행복함은 마음에 떠오르고 사라지는 생각 속에서 담배를 피울 때

행복함은 낮잠에서 깨어나자 머리맡에서 찻물이 끓고 있을 때

행복함은 가까스로 모인 친구들과 한 잔의 커피나 포도주를 마실 때

행복함은 사랑하는 사람의 눈빛을 바라보고 있을 때

행복함은 눈오는 깊은 밤 먼 북극의 마을을 떠올릴 때

∨∨∨

작은 인생론 | 인생의 마지막 길 위를 달려간 사람은 행복하다

나는 흘러간 유쾌한 시간을 회상하고 있습니다. 돌바닥을

디디던 맨발로 젖은 발코니 난간에 이마를 기대어 보노라면 달빛을 받은 육체는 벅찬 감정에 무르익은 과일처럼 빛나고 있습니다.

기다림! 그 시간은 우리를 지치고 시들게 합니다.

지나치게 익어버린 열매들! 심한 목마름과 피로, 타는 듯한 갈증을 더 이상 참을 수 없게 되었을 때, 나는 작은 열매를 깨물었습니다.

물크러지는 열매들! 우리의 입 안을 지루함 같은 짐짐한 맛으로 채워주고 한순간 넋까지 어지럽혔습니다.

—아직 젊었을 무렵의 무화과여! 싱싱한 살갗을 깨물어 사랑의 향기가 풍기는 과즙을 더 이상 기다리지 않고 빨아들입니다. 그리고 난 다음, 우리들이 괴로운 인생의 마지막 날을 끝마치게 될 그 길 위로 달려간 사람들은 행복할 것입니다.

행복의 조건

아주 먼 옛날 영국의 시골 데이 강에 작은 물방아간이 한 폭의 그림처럼 수풀 속에 자리잡고 있었는데, 이 물방아간 주인은 세상에서 가장 행복한 사람으로 소문이 나 있었다. 그래서 사람들은 '행복한 물방아간'이라는 별명을 붙여 주었다.

이 행복한 사람의 소문을 듣고 국왕이 만나러 오기에 이르렀다.

"그대가 매일 그토록 행복한 이유가 무엇인가?"

"저는 극진히 아내를 사랑합니다. 또 아이를 사랑합니다. 친구들을 사랑합니다. 물론 아내도 저를 사랑합니다. 아이들도 친구들도 저를 사랑합니다. 지금까지 살면서 빚은 한 푼도 없습니다. 오로지 그렇게 사는 것이 행복할 뿐입니다."

이에 왕은 감탄하여 말했다.

"정말 부러운 일이로다. 내 머리 위의 황금 왕관보다 그대의 먼지 투성이 모자가 더 빛나보이는군."

∨∨∨

작은 인생론 | 행복의 조건은 건강한 노동이다

의심할 여지없이 행복의 조건은 바로 건강한 노동입니다. 그 첫째는 자기가 좋아하는 자유로운 노동이며, 두 번째는 식욕을 돋우고 깊고 조용한 잠을 자게 해주는 육체 노동입니다.

또한 육체 노동은 모든 사람의 의무이자 삶의 행위입니다. 이 세상에 번뇌가 없는 낙원과 같은 생활이나 우리가 동경해 마지 않는 호화로운 생활이 매력적인 것은 틀림없지만, 양쪽 모두 어리석고 부자연스러운 것임을 부인할 수 없습니다.

왜냐 하면 쾌락만 있는 곳에는 결코 진정한 행복은 있을 수 없기 때문입니다. 어쩌다가 일하는 틈틈이 찾아오는 짧은 휴식만이 진정으로 즐겁고 행복한 감정을 가져다줄 것입니다.

타인의 행복을 생각하는 마음

정신병 환자를 고치는 방법 중에 환자에게 일을 시킨 후 감사하다는 표시를 하게 해서 자기가 한 일이 다른 사람에게 도움을 주었다는 만족감을 갖게 하는 치료법도 있다고 한다.

어떤 작가는 "도움을 준다는 것은, 사실은 도움을 받는 것."이라고 말하고 있지만, 타인을 위하여 무언가를 할 수 있다는 것은 자기 자신만을 생각하는 생활과는 다른 어떤 '기여의 기쁨'을 갖게 된다는 의미가 더 크다. 그래서 타인을 행복하게 해줌으로써 오히려 자신이 행복하게 된다는 논리가 성립하게 된다.

서양에서는 자녀 교육을 할 때 "메이 아이 헬프 유May I help you(도와 드릴까요?)" 하는 말을 생활화시킨다는 것이다.

어떤 소년은 비행기를 타고 가는 도중 기후가 나빠서 몹시 흔들리자 자기도 멀미로 정신을 못 차리면서 옆 사람들에게 "도와 드릴까요? 제가 도와 드릴까요?" 하고 묻더라는 이야기를 다른 승객으로부터 들은 적이 있다.

자기 중심주의는 어린 시절에 강하다가 나이가 들어가면서 정신적으로 성숙해져 타인이나 세상의 존재 가치를 인정하게 된다는 것이다.

세상을 삭막하다고 생각하느냐, 인정이 있는 따스한 세상이라고 생각하느냐는 세상 그 자체보다는 본인의 마음가짐과도 관계가 크다.

타인의 행복을 생각하는 마음 그것이 세상을 따뜻하게 해주는 삶의 디딤돌이다.

∨∨∨

작은 인생론 | 행복은 준비된 삶의 꽃이다

저녁 무렵 우리들은 자기 자신을 위해 만족한 시간을 맞이하고 있을 것입니다. 농부가 노고를 같이한 쟁기와 삽을 놓고 조용한 만족감을 느끼며 자기의 노동을 대변해 주는 밭을 바라다보았을 때의 기쁨보다 더 큰 행복은 없을 것입니다.

만일 약간의 회한도 없고 주위 사람에 대해서 아주 작은 악행도 행하지 않았음을 확신하고, 무엇인가의 새로운 선善을 시작하고 또는 실행하여 완성하였다고 믿는다면, 내일의 희망과 계획을 준비하며 행복이란 샘물을 마실 때 자신의 생명을 바칠 수 있을 것입니다.

파랑새 증후군

행복이라는 파랑새를 찾아 오누이가 온갖 고초를 겪으며 헤매이고 다녔지만, 결국은 돌아와보니 파랑새는 자기 집에 있었다는 아름다운 이야기가 있다. 이처럼 우리 주위에는 가까이에서 보람을 찾지 않고 다른 곳, 먼 곳, 더 멋진 곳을 찾아 다니는 사람이 많다.

"나는 머리가 좋다."

"나 정도면 어디를 가든 실력을 인정 받는다."

"지금은 잠시 여기에 있지만, 다른 곳에서 진짜로 인정 받을 날이 온다."

자기 스스로를 위대한 인간으로 그려놓고는, 자신의 그림에 현혹되어 현실에 충실하지 않는 사람들이 우리 주위에서 방황하고 있음을 발견한다.

그래서 직장을 옮긴다든지 좀 더 공부를 해야겠다는 목적으로 직장을 그만두는 사람도 있다. 그러나 곧 실망과 환멸감으로 후회하는 경우도 본다. 물론, 진정으로 좀 더 높은 곳을 향하여 용기를 내어 새로운 도전을 한다는 것은 좋은 일이다.

괴테는 이렇게 말했다.

'인간은 노력하는 한 방황하는 법'이라고.

그러나, 때로는 명목은 그럴 듯하지만 실제로는 현실에 적응하지 못하고 현실을 도피하면서 표면으로는 그럴듯한 애드벌룬을 띄우는 사람들도 많은 것 같다.

이런 사람들이 가진 문제점을 '파랑새 증후군'이라고 부르기도 하지만, 우스갯 말로, '예스 맨 이즈 노 맨 고우Yes man is no man go'라는 말도 있듯이 현실을 '예스'라고 생각하는 사람, 긍정적인 사람은 살아남고 현실을 '노'라고 생각하는 사람, 뿌리를 내리지 못하는 사람은 급료를 축 내지 말고, 하루 빨리 '고우'하는(떠나는) 것이 신사답다 할 것이다.

∨∨∨

작은 인생론 | 행복은 꿈꾸는 자의 안식처다

행복에 이르는 길은 수 없이 많습니다. 당신은 그 많은 길 가운데 하나를 선택해야 합니다. 만일 그 길이 정당한 길이 아니라면 가지 않는 것이 현명한 선택입니다. 끝없는 욕망에

사로잡힌 사람이나 질투에 눈이 먼 사람의 길은 험난하지만
신념을 가진 사람의 길은 넓고 평탄하며 희망의 꽃들이
피어 있습니다. 그 길이 당신이 찾고 있는 행복입니다.

구름 속에 카페를

윤재천 교수의 「구름 카페」라는 수필집에 '구름 카페'라는 제목의 글이 있는데, 그 일부를 소개한다.

'나에겐 오랜 꿈이 있다. 여행 중에 어느 지방의 골목길에서 본 적이 있거나 추억이 어린 영화와 책 속에서 언뜻 스치고 지나간 것과 같은 카페를 하나 갖는 일이다. 구름을 쫓는 몽상가들이 모여들어도 좋고, 구름을 따라 떠도는 역마살 낀 사람들이 잠시 머물다 떠나도 좋다. 구름 낀 가슴으로 찾아들어 차 한 잔에 마음을 씻고, 먹구름뿐인 현실을 잠시 비껴앉아 머리를 식혀도 좋다.

꿈에 부푼 사람은 옆자리의 모르는 이에게 희망을 품어주기도 하고, 꿈을 잃어버린 사람은 그런 사람을 보며 꿈을 되찾을 수 있는 곳, '구름 카페'는 상상 속에서

늘 나에게 따뜻한 풍경으로 다가오곤 한다.

넓은 창과 촛불, 길게 드리운 커튼, 고갱의 그림이 원시의 향수를 부르고, 무딘 첼로의 음률이 영혼 깊숙이 파고드는 곳에서 나는 인간의 짙은 향기에 취하고 싶다. …(중략)

'구름 카페'는 나의 생전에 존재할 수 없는 것이어도 괜찮다. 아니면 숱하게 피었다가 스러지는, 사랑하는 사람들이 곁에 있다면 어디서나 만날 수 있고 느낄 수 있는 행복의 장소인지도 모른다. 구름이 작은 물방울의 결집체이듯 현실에 존재하지 않기에 더 아득하고 아름다운지도 모른다.

그러나 나는 꿈으로 산다. 그리움으로 산다. 가능성으로 산다. 오늘도 나는 '구름 카페'를 그리는 것 같은 미숙한 습성으로 문학의 길을, 생활 속을 천천히 걸어가고 있다.'

∨∨∨

작은 인생론 | 명상은 완벽한 삶의 토대를 만든다

명상의 토대는 완벽한 삶과 깊은 관계가 있고 질서가 잡힌 미덕美德한 삶이며, 내부적으로 꾸밈이 없는 삶, 간소하고 내핍적인—바로 그것이 정신의 갈등 속에 빠져 있지 않음을 뜻합니다.—삶입니다.

당신이 그와 같은 토대에서 아무런 노력없이—왜냐 하면

당신이 노력을 하는 순간 갈등이 생기기 때문입니다.—명상의 불을 지필 때 당신은 진실을 보게 됩니다. 그렇기 때문에 그것은 근본적인 변화를 가져오는 현실에 대한 인식인 것입니다.

고요히 평정된 정신 내부에는 완전히 다른, 차원이 다른, 전혀 성질이 다른 움직임이 존재한다는 사실을 깨닫는 것이 정지된 정신입니다. 그것은 말로 설명할 수 없는 세계입니다. 어떻게 언어로 설명할 수 있겠습니까?

이제 설명이 될 수 있는 명상은 당신이 토대를 세우고 필요성, 진실된 모습, 그리고 정지된 정신의 아름다움을 보는 순간입니다.

고독을 사랑하는 사람

'복잡한 세상, 어디론가 훌쩍 떠나서 사람도 없고, 경치도 없고, 소리도 없는 곳에서 혼자서 쉬고 싶다.' 혹시 이런 생각을 해본 분도 있을 것이다.

'혼자 있고 싶다. 나는 고독을 사랑한다.' 고 독백獨白을 해보신 분도 계실 것이다. 그러나 과연 우리는 얼마나 고독을 참을 수 있는 걸까.

학자들이 연구한 것을 보면 고독이란 것이 생각한 만큼 달콤한 것이 아니라, 공포와 불안의 연속이며 인간성의 파괴 현상까지 일으키는 것임을 알 수 있다. 인간이란 본능적으로 집단생활의 욕구를 갖고 태어난 동물이기 때문에 고독을 견디지 못하는 특성을 가지고 있다.

평소에 집단생활을 하는 동물을 한 마리만 격리시켜 놓으면 한 달에서 한 달 반(4~6주) 사이에 극도로 신경질이 되고 두 달 반(10주)이 경과하면 걷잡을 수 없이 난폭한 행동을 할 뿐만 아니라 피부에 염증까지 생긴다는 것이다.

미국과 캐나다에서 실험한 결과이지만 아무 소리도 없는 쾌적한 독방에 들어간 피험자被驗者는 처음에는 잠을 자기 시작하다가 시간이 경과함에 따라 불안 초조 때문에 참을 수 없게 되고 심지어는 헛것幻視이 보이고 이상한 소리가 들렸다고 한다.

지루함을 잊기 위해서 몸을 움직이고 노래를 부르고, 휘파람을 불고 혼잣말을 하기도 하지만, 단 며칠을 견디는 사람이 드물었다고 한다. 절대고독은 편안함을 주는 것이 아니라, 오히려 스트레스가 된다는 것이 결론이다.

∨∨∨

작은 인생론 | 고독은 삶의 고향이다

생활이 복잡하지 않던 시대에는 고독이 생활의 방편이 될 수 있었습니다. 대다수의 사람들은 혼자서 자기의 일을 묵묵히 수행해 나갔습니다. 작업장이나 노동자들이 여럿이 모이는 큰 건물 같은 곳에서 일하지 않아도 삶을 유지할 수 있었습니다.

농부는 혼자 자연과 더불어 생활하는 때가 많았습니다. 구두장이는 홀로 자기 의자에 앉아서 조용히 작업에 열중하였습니다. 노를 잡고 있는 뱃사공이나 마스트

꼭대기에 올라가서 일하는 수부는 마음대로 혼자서
명상할 수가 있었던 것입니다. 언제든지 그들은
자기 자신만의 사색에 잠길 수 있었습니다.

서로 친밀하게 지낼 기회도 부족하지 않았습니다.
집은 작고 누추했지만, 많은 가족들과 친척들의 만남이
잦았습니다. 이웃 사람들과 난로가에 둘러앉아 밤을
새우며 이야기꽃을 피웠고 젊은 남녀들은 어두운 숲속이나
적막한 벌판으로 밀회를 즐기기 위해 빠져나갑니다.

우리에게는 때때로 사색적 기분을 북돋우기 위해서
한가한 시간을 가질 필요가 있습니다. 우리에게는
노변路邊의 고독이 필요하고 친한 친구들과 속을 터놓고
이야기하며 교제하는 시간이 필요합니다.

5

삶에는 행복과 불행이란 두 얼굴이 존재한다

어떤 일에서든 진실해야 합니다.
진실한 것이 더 삶을 윤택하게 합니다.
어떤 일이든
거짓으로 해결하는 것보다는
진실에 의해서 해결하는 편이
보다 신속하게 처리된다는 것을 잊어서는 안 됩니다.

남에게 하는 거짓말은
문제를 혼란시키고
해결을 더욱 어렵게 할 뿐입니다.
그러나 그것보다 더 나쁜 것은
겉으로는 진실한 체하며
자기 자신에게 거짓말을 하는 것입니다.

그것은 결국
그 사람의 인생을 망칠 것입니다.

– 톨스토이 〈진실한 삶을 위해〉

금항아리와 흙항아리

가난뱅이도 우물에 가고
부자도 우물에 간다.
부자는 금항아리를 들고
가난뱅이는 흙항아리를 들고
그들은 똑같은 그릇을 가지고 간다.
그들은 똑같은 물을 긷는다.
그리고 그들은 똑같은 물로 항아리를 채운다.

인간은 너무나 많은 것을 요구하고, 그릇된 투쟁을 일삼고, 권력의 기술을 교묘하게 연구하고, 더욱 큰 야심을 미친 듯이 추구하지만, 결국은 스스로 실패를 준비할 따름이다. 이것이 모두 허망한 기대와 그릇된 계산에서 생기는 삶의 오산이다.

인간의 욕망은 값비싼 물건과 소유, 지위와 권력이

자신이 원하는 만족을 줄 것이라고 생각한다. 하지만 그 모든 것을 얻고보면 무모한 욕심만 더욱 커질 뿐이다.

남이 나보다 월등하다거나 또 내가 가지지 못한 여러 가지 재능을 다른 사람이 가지고 있거나 응당 내가 받으리라고 생각한 지위나 명예를 다른 사람이 받을 때, 우리는 분노하고 질투한다. 그러나 그것은 잠시 물 위에 비치는 그림자와 같은 것임을 깨닿게 된다.

∨∨∨

작은 인생론 | 저녁은 생애를 추억하는 무대와 같다

흙으로 그려진 작은 거리, 낮에는 장밋빛, 저녁에는 보라빛, 대낮에는 인기척이 없어도 어스름이 내리는 저녁이 되면 활기를 띠게 될 것입니다. 그러면 불 밝은 카페에 사람들이 하나씩 둘씩 모여들고, 마지막 수업을 끝낸 어린이들은 학교에서 돌아오느라고 걸음을 빨리 할 것입니다.

언제부터인가 노인들은 광장 한구석 돌담에 기대어 이야기를 나누고, 이미 햇살이 기울어진지 오래입니다. 베일을 벗고 꽃차림으로 테라스 위에 나타난 여인들은 장황하게 서로의 시름을 이야기할 것입니다.

우유 한 잔의 댓가

하워드 켈리라는 의과대학생은 학비에 보태려고
여름방학에 서적 세일즈맨으로 일하고 있었다.

어느 시골 마을에 도착했을 때 몹시 목이 말랐다.

어떤 농가 안으로 들어서자 한 소녀가 나타났다.

"물 한 잔만 부탁드릴 수 있을까요?"

"괜찮으시다면, 우유를 드릴께요."

그래서 켈리는 시원하고 맛있는 우유로 갈증과 허기를 채울 수 있었다.

그 후 켈리는 학교를 졸업하고 의학박사가 되어 존스 홉킨스 대학에서 근무하게 되었다.

어느 날 시골에서 온 위독한 환자가 응급실에 실려 왔다.
켈리 박사는 그 여인에게 특별한 관심을 쏟아 특실에 전담

간호사까지 배치시켰다. 수술도 무사히 끝나고 환자는 급속히 회복되어갔다.

그런 어느 날 간호사가 환자에게 말했다.

"내일이면 퇴원할 수 있겠어요."

하지만 환자는 병이 낫는 것은 좋지만 병원비가 걱정이었다. 간호사가 가져다준 청구서를 읽어가다가 환자는 깜짝 놀라지 않을 수 없었다. 청구서 맨 끝에 이렇게 사인이 되어 있었기 때문이다.

'우유 한 잔으로 모든 비용은 지불되었음. —닥터 하워드 켈리'

∨∨∨

작은 인생론 | 지혜는 행복을 알려주는 선지자이다

언젠가 당신에 대하여 아름다운 꿈을 꾼 일이 있었습니다. 이삭이 익어가는 금빛 들판의 황홀한 꿈! 지금 또다시 밝은 빛으로 새로운 행복을 알려주는 선지자先知者인 당신!

보십시오. 아직 대기는 은빛으로 차갑고, 미래의 그림자는 여명의 시선으로 조용히 하루를 여는 이른 새벽녘, 지난 밤의 꿈이 남아 있는데 닫혀 있는 정원을 당신은 고요히 걷고 있습니다. 그러자 나무들의 작은 속삭임이 들려오고 푸릇푸릇한 초원에서도 방금 환한 소식이 전해 오고 있습니다.

사흘만 볼 수 있다면

세계적인 잡지 『리더스 다이제스트』가 '20세기 최고의 수필' 중의 하나로 선정한 헬런 켈러의 작품 『사흘만 볼 수 있다면(Three Days to See)』이라는 글은 이렇게 시작된다.

'보지 못하는 나는 촉감만으로도 나뭇잎 하나 하나의 섬세한 균형을 느낄 수 있다……. 봄이면 혹시 동면에서 깨어나는 자연의 첫 징조, 새 순이라도 만져질까 살며시 나뭇가지를 쓰다듬어 본다. 아주 재수가 좋으면 노래하는 새의 행복한 전율을 느끼기도 한다.

때로는 손으로 느끼는 이 모든 것을 눈으로 볼 수 있으면 하는 갈망에 사로잡힌다. 촉감으로도 그렇게 큰 기쁨을 느낄 수 있는데, 눈으로 보는 이 세상은 얼마나 아름다울까. 그래서 꼭 사흘 동안이라도 볼 수 있다면, 무엇이 제일 보고 싶은 지 생각해 본다.

첫날은 친절과 우정으로 내 삶을 가치있게 해준 사람들의 얼굴을 보고 싶다……. 그리고 남이 읽어주는 것을 듣기만 했던, 나에게 삶의 가장 깊숙한 영혼을 전해준 책들을 보고 싶다. 오후에는 오랫동안 숲 속을 거닐어 보겠다. 찬란한 노을을 볼 수 있다면, 그날 밤 아마 나는 잠을 자지 못할 것이다…….'

∨∨∨

작은 인생론 | 삶의 법칙은 밤하늘의 별과 같다

내 마음 속에는 하나의 고요한 장소, 따뜻한 피난처가 있습니다. 나는 언제나 그 속에 들어가 자신과 대화를 나눌 수가 있습니다. 그러나 그런 것이 가능한 인간은 적습니다. 조금만 관심을 기울이면 누구나 할 수 있는 데도 말입니다.

대다수의 인간은 바람에 흩날려 솟구쳐 올랐다가 비틀거리며 땅으로 떨어지는 나뭇잎과 같습니다. 그러나 어둠 속에서 찬연히 빛나는 별 같은 인간도 있습니다. 그들은 이미 정해져 있는 확고한 삶의 궤도를 걸으며, 어떠한 강풍도 그들에게는 영향을 미치지 못합니다. 왜냐 하면 그들 자신의 삶의 법칙과 궤도를 가지고 있기 때문입니다.

나비가 하는 말

향기를 뽑기 위해 꽃을 학살하고
향수 냄새를 뿌리면서
사람들은 꽃을 사랑한다고 말한다.

사람들은 꽃병이라는 것을 만들어
꽃병에 꽂아 두기 위해 싹둑 자르면서
꽃을 사랑한다고 말한다.

때로 우리는 꽃에서 벌과 만나는 일이 있지만
우리는 싸우지 않고 꽃을 사랑하는데
사람들은 자기 혼자 가지려고 다투면서
꽃을 사랑하는 마음을 자랑한다.
사람들은 열매 맺는 일은 조금도 도와주지 않으면서

익기가 무섭게 열매를 탐한다.

꽃이 말없이 웃는 건
우리를 사랑하기 때문이다.
우리는 있는 그대로 사랑하면서
열매 맺기를 도와준다.
우리는 사랑한다는 말 이상으로
말없이 사랑한다.

∨∨∨

작은 인생론 | 사랑에는 두 얼굴이 존재한다

사랑은 굶주림과 만족, 당신은 사랑을 굶주림과 미움으로 착각하고 있는 것입니다. 사실 미움 같은 것은 현존해 있는 것이 아니라, 오히려 사랑을 더욱 강하게 만들 뿐입니다. 왜냐 하면 사랑은 미움을 흡수할 수 있기 때문입니다. 만일, 어떤 사람을 사랑한다면, 어느 순간에는 미움도 있을 수 있습니다. 그러나 그것이 사랑을 파괴한 일은 없습니다. 도리어 그것은 사랑에 풍요로움을 가져다줍니다. 마치 낮과 밤처럼 굶주림과 만족, 삶과 죽음, 사랑은 그렇게 해야 합니다.

장미가시

영국의 시인 밀턴이 눈이 멀어서 구술하여 받아 쓰게 한 그 유명한 작품에『실락원』과『복락원』이 있다.

그는 초혼에 실패하고 마흔 살이 넘어서 다시 결혼을 했다고 한다.

어느 날 친구가 밀턴의 부인을 보고

"대단한 미인이시군요. 마치 장미 같습니다."

하고 말하자, 밀턴이 대답했다.

"나는 색깔을 볼 수는 없지만, 아마 장미는 장미인 모양입니다. 콕콕 찌르는 가시가 있으니까요."

아름다운 장미에 가시가 있다는 사실을 두고 밀턴의 아내처럼 미인이지만 성격이 표독한 경우에 그 비유로써 회자되기도 한다.

그런데 호사다마好事多魔(좋은 일에 나쁜 일이 끼인다)의 예로 사용하기도 한다.

감언이설 뒤에 음험한 모략이 숨어 있다든지 겉은 화려하고 좋아보이지만, 실상은 어떤 위기가 도사리고 있는 경우를 가리키기도 한다.

거안사위居安思危(편안할 때에 위험한 때를 생각함)의 교훈은 말로 들으면 수긍이 가지만, 실제로는 실행하기가 어렵다.

꽃놀이에 빠져서 가시의 존재를 망각하게 되면 본의 아니게 상처를 입고, 곪고, 터지고, 파멸을 맞게 된다는 사실, 장미를 보면 가시의 존재를 생각할 줄 아는 것도 화를 미연에 방지하는 인생의 지혜일 것이다.

VVV

작은 인생론 | 삶의 길은 단 한번 뿐이다

우리는 삶을 기다리며 초조해 하여서는 안 됩니다. 내일은 당신이 생각하고 있는 것보다 빨리 찾아옵니다. 주변의 친구나 자신의 꿈꾸는 희망, 잘못된 삶에 대한 계산 등을 점검해 보십시요. 그러면 이미 살아온 것에 주의가 갈 것입니다. "예!" 하고 대답하여 주는 것은, 오직 추억뿐이라는 것을 깨닫게 될 것입니다.

어느 저녁 무렵 그렇게도 초조해 하며 기다리던 것이 전혀 아무 소용없었다는 것을 이해할 수 있을 것입니다.

뛰어가려고 해도 안 됩니다. 너무도 빨리 도착하기 때문입니다. 그러므로 도착을 조급히 서둘러서는 안 됩니다. 지금 당신은 당신의 결승점을 무엇이라고 이름지어야 할지 모르실 것입니다. 천천히 길을 살펴보려고도 하지 않고 뜀박질로 살려고 해서는 더욱 안 됩니다. 왜냐 하면 두 번 다시 그 길을 볼 수 없기 때문입니다.

기쁨의 잔을 단숨에 마시려고 해서도 안 됩니다. 내일 또 목이 마를지도 모르기 때문입니다.

부부사이

언제나 작은 머리를 맞대고 있는 정겨운 비둘기의 모습, 금술이 좋은 한 쌍의 비둘기. 숫비둘기는 부지런히 먹을 것을 물어다가 둥우리에 가득 채웠다. 이만하면 우리 비둘기 부부가 편안히 겨울을 지낼 수 있겠지 하는 마음에 만족스러웠다.

하지만 햇볕을 쬔 먹이는 말라져서 그 양이 부쩍 줄어들었다.

숫놈은 참다 못해 화를 냈다.

"얼마나 고생하며 물어온 먹이인데 몰래 너 혼자 먹어버렸어?"

암놈은 너무 억울해서 열심히 해명을 하였으나 성미가 급한 숫놈은 말도 채 듣지 않고 주둥이로 쪼아서 암놈을 내쫓았다.

며칠 후 큰 비가 내렸다. 그러자 먹을 것이 물에 젖어 본래의 크기로 부풀어올랐다.

비로소 진실을 깨달은 숫비둘기는 자기의 잘못을 크게 뉘우치고 눈물을 흘렸다.

"아내가 먹지 않은 것을 내가 참지 못하고 내쫓았으니."

∨∨∨

작은 인생론 | 부부는 함께 미래를 열어가는 문이다

나는 이 세상에서 가장 따뜻한 눈길로 당신을 바라보았고,
가장 빛나는 진실의 손으로 당신의 체온을 느꼈습니다.
어느 날인가, 당신의 가벼운 발걸음이 봄날의 미풍처럼
은은한 향기를 던지며 내 곁을 스치고 지나갔던 그때의 모든
일들은 이 지상에서의 가장 아름다운 삶의 은총이 아니고
무엇이겠습니까? 그것은 내 이마에 닿는 축복의 손길이었고
푸른 눈동자 속에서 밝게 반짝이는 한 줄기 빛이었으며,
아름다운 미래를 열어주는 빛나는 문이었습니다.

그곳엔 아직도 당신이 어렸을 때 뛰어놀던 집이며,
뜰이 있음을, 그 곳에 청춘의 모든 성스러운 추억이 머물러
있음을, 그곳에 당신의 어머니가 잠들어 있음을…….

칼로 물베기

'부부싸움은 칼로 물베기'라고 한다. 그만큼 화해를 하기 쉽다는 뜻이지만, 때로는 돌이킬 수 없는 파탄으로 치닫기도 해서 가정을 잃는다.

미국의 여성지『매콜』에 소개되었던 부부생활의 아이디어를 참고하기 바란다.

1. 우선 배우자의 좋은 점을 강조해 줄 것.
2. 배우자의 결점을 건드리지 말 것.
3. 결혼하기 이전의 일을 들추어서 비교하지 말 것.
4. 집밖에서 불쾌한 일을 당했다고 해서 집에 돌아와 화풀이를 하지 말 것.
5. 자기가 원하는 것이 무엇인지를 상대에게 적극적으로 알릴 것.

6. 자기가 원치 않는 것이 무엇인지 분명하게 알려줄 것.

7. 부부간에 문제가 있으면, 그 원인을 확실히 밝힐 것.

8. 사소한 일로 다투지 말 것.

9. 정기적으로 대화 시간을 갖도록 억지로라도 노력할 것.

10. 그래도 쉽게 해결이 되지 않을 때는 다른 사람과 상의를 해서라도 해결책을 찾을 것.

∨∨∨

작은 인생론 | 행복을 기다리는 곳이 가정이다

저녁 때면 흩어졌던 사람들이 제각각 가정으로 모여드는 것은 예사롭게 볼 수 있는 일상의 풍경입니다.

피로에 젖은 위안의 귀로. 집의 출입문이 잠시 빛과
온기와 웃음으로 맞아들이기 위해 조용히 열렸다가
다시 닫혀지면 밤은 한 발짝 더 깊어집니다.

이제 방황하는 것들은 무엇이든 일체 그 안으로 들어갈 수 없습니다. 오직 행복만이 밤을 지키고 있을 뿐입니다.

사람을 찾아 다니는 등불

고대 그리스에는 디오게네스라는 철학자가 몇 사람 있었는데, 그들 중에 시노페의 디오게네스는 기인으로 유명했다.

이 디오게네스는 나무 통 속에서 살며 밥은 걸식을 해서 먹고 옷은 단 한 벌밖에 없었다고 한다. 그야말로 단벌 신사. 아니 단벌 거지였지만, 어린아이가 손으로 물을 떠먹는 것을 보고는

"내가 쓸데없는 것을 가지고 다녔구나."

하면서 하나뿐인 밥그릇마저 버렸다고 한다.

알렉산더 대왕이 그리스를 정복했을 때 많은 사람들이 인사를 갔지만, 디오게네스는 가지 않았다.

알렉산더는 등불을 들고 정의로운 사람을 찾아 다닌다는 그 유명한 디오게네스를 보려고 부하들의 호위를 받으며 친히 행차를 하였다.

"나는 알렉산더 대왕인데, 내가 무섭지 않은가?"

"대왕은 착한 인간인가?"

"물론이지!"

"착한 인간이라면 무서워할 필요가 없지."

"나에게 부탁할 것은 없는가?"

"그렇다면 좀 비켜주시오. 햇볕을 가리니까."

"내가 알렉산더가 아니었다면 디오게네스가 되고 싶다."

하며 탄식하였다고 한다.

전쟁이 나서 모두들 바쁘다고 하자, 그 자신은 나무통을 굴리며 바쁜 척했다는 디오게네스, 한낮에 등불을 들고 거리를 돌아다니면서 옳은 사람을 찾는다고 외치는 디오게네스의 행복을 이해할 수 있다면, 당신 자신도 현자임이 분명하다.

∨∨∨

작은 인생론 | 인생은 죽음 외에 의미가 없다

생은 하찮은 것, 표면적인 것에 불과합니다. 그러나 죽음은 깊은 내면의 세계가 있고 의미가 있습니다. 그러므로 인간은 죽음을 통해 진실한 삶으로 자신을 성장시킬 수 있습니다. 하지만 생을 통해 도달하는 것은 죽음일 뿐, 그 죽음 외에는 아무런 의미도 없습니다.

우리가 생이라고 부르고 있는 것은 죽음으로 가고 있는 여행에 불과할 뿐입니다. 그러므로 당신의 일생은 하나의 여행이며, 그 외에는 아무것도 아니라고 이해될 수 있을 때, 비로소 당신은 생에 대한 흥미에서 차츰 죽음에 대해 관심을 갖게 되는 것입니다.

그렇지 않으면 당신의 생이란 표면 위에 떠돌고 있는 구름이거나 바람일 것입니다.

형설의 공

어느 날 손강孫康이 차윤車胤을 찾아갔더니 하인이 출타 중이라고 아뢰었다.

“어디를 가셨는지 아느냐?”

“반딧불을 잡으러 가셨습니다.”

며칠 후 차윤이 답례로 손강의 집을 방문하였다. 그때 손강은 하늘을 멍하니 올려다보고 있었다.

“대감, 지금쯤 독서 삼매경에 빠져 계신 줄 알았더니 무엇을 그리 쳐다보십니까?”

“날씨를 가늠해 보는 중입니다.”

“날씨는 왜요?”

“눈이 언제쯤 올까 궁금해서요.”

위의 글은 ‘형설의 공’으로 유명한 손강과 차윤의 이야기로 가난한 두 사람은 반딧불빛으로 공부를 하고(차윤), 쌓인 눈빛으로 공부를 해서(손강) 훗날 높은 벼슬에 올랐다는 고사이다.

∨∨∨

작은 인생론 | 사랑의 정원에 핀 꽃이 우정이다

당신의 우정을 늦은 저녁까지 간직하도록 마음의 문을 열어놓으십시오. 저녁 때야말로 우정을 보다 깊이 맛보는 무렵이기 때문입니다. 우정은 인간에게 주어진 기쁨 가운데 가장 큰 기쁨의 하나입니다.

대개 우정은 씨 뿌려진 곳에 꽃을 피게 하는 것과 같습니다. 그런 까닭에 우정을 발견하기 위해서는 가까운 사람에게 진실한 마음을 보내는 것이 가장 좋은 방법이라는 것을 이해하시기 바랍니다.

당신 가까이에 있는 외로운 영혼에게 당신의 우정을 바치십시오. 그렇게만 한다면 선택을 잘못하는 일은 없습니다. 하나의 말, 하나의 몸짓에 의해서 씨 뿌리는 것을 주저해서는 안 됩니다. 사람 사이의 거리와 침묵의 시간을 거쳐 몇 년 뒤에도 이 씨는 꽃을 피우고 열매를 맺을 것입니다.

삶의 저녁이 찾아왔을 때 사랑의 정원에 핀 꽃이 우정이라는 것을 알게 될 것입니다.

위대한 스승

헬렌 켈러를 위대하게 만든 것은 본인의 의지력과 노력 이외에 앤 설리번이라고 하는 헌신적인 스승의 공이 컸다.

가정교사 앤 설리번도 태어날 때부터 눈이 아주 나빴는데, 수술을 받고, 어느 정도 시력을 회복한 그녀는 눈이 불편한 사람을 위하여 일생을 바치기로 결심했다.

헬렌이 앤을 만나게 된 것은 큰 행운이었으며 희망 찬 운명이었다.

고집 세고 비뚤어진 성격의 헬렌 켈러를 가르치기란 거의 불가능해 보였다. 그러나 앤은 굴하지 않고 때리기까지 하면서 글자를 가르치고 말을 가르쳤다.

만일, 앤의 집념과 투지가 없었더라면 헬렌 켈러라는 인물은 없었을 지도 모른다.

그 후 49년 간을 스승과 제자로서, 때로는 친구로서

그들은 함께 살았다. 그런데 그들에게 불행이 닥쳐왔다.

앤의 눈이 더 나빠져서 보이지 않게 된 것이다.
이번에는 헬렌 켈러가 헌신적으로 스승을 돌보면서
어릴 때 배운 방식대로 힘과 용기를 돌려드렸다.

앤 설리번은 위대한 제자를 남겨놓고 세상을 떠났지만
헌신적인 봉사가 큰 일을 이룬다는 것을 보여준 또
하나의 인물로 세상에 거듭 태어난 것이다.

∨∨∨

작은 인생론 | 인간은 저마다 하나의 가능성이다

개조해야 할 것은 세상 뿐만 아니라 이 세상에서 살아가고
있는 인간도 개조해야 합니다. 그렇다면 새로운 인간은 어디서
어떻게 나타날까요?

그것은 당신의 내부에서 탄생시켜야 합니다. 거친 광물에서
세련된 금속을 뽑아내듯 당신 스스로가 새로운 인간으로
거듭나야 한다는 것입니다. 당신의 안에서 그것을 얻어야 합니다.
당신이 존재함으로써 이루어지는 것이니까요.

사람은 누구나 가능성이 있습니다. 당신의 힘과 젊음을
믿고 '모든 것은 나 자신에 달렸다'라는 확신을 가지십시오.

책은 영혼의 스승

영국의 성직자 제레미 코리아는 이렇게 말했다.

"책은 젊은이에게 삶의 반려자로, 노인에게는 휴식을 가져다주는 오락과 같다. 고독할 때 마음의 지주가 되고, 고통의 짐을 덜어주기도 한다. 뜻대로 안 되는 인간 관계나 다툼을 슬기롭게 해결해주는 명약이다."

또 리차드 베리는『책사랑』이란 글을 통해 그의 견해를 밝히고 있다.

"책은 회초리나 막대기도 갖고 있지 않고, 고함도 치지 않는 영혼의 스승이다. 언제 어느 때 만나고 싶으면 자유롭게 만날 수 있는 다정한 친구와 같다.

잠을 자지 않고 있기 때문에 언제든지 상의하고 질문을 할 수 있다. 책은 아무것도 감추지 않고 정직하게 가르쳐 준다. 책이 말하는 것을 오해하여도 책은 아무런 불평도 하지 않는다. 내가 무식해도 책은 비웃지 않는다."

∨∨∨

작은 인생론 | 명상 속의 당신은 일회적인 존재이다

의식의 아침이 되면 당신은 혼돈의 잠으로부터 깨어나 침잠으로부터 해방될 것입니다. 당신이 명상을 통해 자신의 내면 세계를 순례하게 될 때 나타나는 움직임, 그것은 외부에서 일어나고 있는 것과 똑같은 에너지가 내부에서도 작용하고 있다는 것을 느끼게 합니다.

그리고 갑자기 당신은 이 우주 속의 섬처럼 홀로 있음을 느끼게 됩니다. 하나의 작은 모래알과도 같은 존재, 유한한 생과 만나게 될 것입니다. 그래서 삶과의 모든 관계는 의존이나 구속으로 보이는 것입니다. 그러나 이것은 일시적인 현상에 불과합니다.

그리하여 당신의 내면에 안정이 찾아오고 움직임의 에너지가 넘쳐 흐르고 있음을 느끼게 될 때, 당신은 또 다른 생과 관계를 맺고 싶어 할 것입니다. 이러한 마음은 처음으로 명상적이 되며, 이때 사랑이 하나의 구속처럼 보이게 되는 것입니다.

이렇듯 명상적이 아닌 마음은 진실한 사랑을 할 수 없기 때문에 거짓된 마음입니다. 그러한 마음에서의 사랑은 거짓이며, 환영적인 모순된 사랑입니다.

눈 멀어 더듬더듬 찾게 하지 마시고
맑은 비전으로
언제 희망을 말할 수 있고
언제 한결 유익한 기운을 더할 수 있는가를
알게 하소서.
불길이 약할 때
얇은 옷 차려 입은 꼬마들이 거기 앉아
여태껏 누려본 적 없는 즐거움을 그려보는 때에는
살랑살랑 부드러운 바람이 불게 하소서.

가는 세월 동안에는
무심코 내가 던진 말이나
내가 얻으려고 애쓴 노력으로 인하여
가슴 아픈 일도
두 볼이 젖게 하는 일도 없게 하소서.

– 사무엘 E. 키서 〈내 삶의 작은 기도〉

육연六然

인생살이의 여러 국면에서 지켜야 할 마음가짐을
'육연六然'이란 말로 다음과 같이 요약하고 있다.

자처초연自處超然 : 자기 자신에 대하여 초연하며 속세의
일에 구애 받지 않는다.

처인애연處人藹然 : 남과 사귐에 있어서 상대를 즐겁게 하고
기분을 좋게 한다.

유사참연有事斬然 : 무슨 일이 있을 때는
꾸물대지 않고 명쾌하게 처리한다.

무사정연無事澄然 : 아무 일이 없을 때는 물처럼 마음을 갖는다.

득의담연得意澹然 : 일이 잘 진행되는 때일수록 조용하고
안정된 자세를 잃지 않는다.

실의태연失意泰然 : 실의에 빠졌을 때일수록 태연자약한
모습을 유지한다.

VVV

작은 인생론 | 행복은 빌릴 수도 훔칠 수도 없다

내가 잠시 동안 행복을 믿을 수 있었던 것은 나의 신변에 일어난 사건들의 덕택이었다고 말하고 싶지 않습니다. 크고 작은 사건들이 나에게 유리하긴 했어도 나는 그것을 이용하지는 않았습니다.

나의 행복이 어떤 힘에 의해 이루어진 것이라고도 믿지 않았습니다. 어떤 집착도 없는 나의 마음은 항상 가난하였습니다. 그러므로 죽음에 대한 두려움 또한 없었습니다. 나의 행복은 오로지 열정으로 이루어낸 것입니다. 차별없이 모든 것을 열렬하게 사랑하였을 뿐입니다.

은혜를 아는 삶

앵무새 한 마리가 살던 곳을 떠나 다른 산에 머무른 적이 있었다. 그곳에 사는 온갖 새와 짐승들은 앵무새를 몹시 사랑하였다.

어느 날 앵무새는 자기가 살던 곳으로 다시 돌아왔다. 그런데 얼마 후 자신을 사랑해준 새와 짐승이 사는 산에 큰 불이 났다. 앵무새는 그 소식을 듣자 곧장 날아가 자신의 날개에 물을 흠뻑 적셔 불을 끄려고 사력을 다했다.

이를 지켜본 산신이 말했다.

"앵무새야, 네 작은 날개에 묻은 물로
불을 어찌 끌 수 있겠느냐?"

"저도 잘 알고 있습니다. 그러나 예전에 제가 이 산에 있을 때 모든 새와 짐승들이 저를 형제처럼 매우 사랑했습니다. 그때 입은 은혜를 어떻게 모른 척할 수 있겠습니까?"

산신도 마침내 앵무새의 마음에 감동하여 곧장 비를 내렸다.

∨∨∨

작은 인생론 | 인간은 심연처럼 어두운 존재이다

종잡을 수 없는 하루하루가 지난 뒤에 어둠의 늪을 건너는 듯한 불안한 기대의 시간이 찾아왔습니다. 너무나 무거운 졸음에 빠져 아무리 잠을 자도 편히 깨어날 수 없었습니다.

식사를 마치자마자 다시 누웠습니다. 잠을 자고 일어났지만 극심한 피로감에 젖어 겨우 눈을 뜰 수 있었습니다. 무슨 변모를 앞둔 것처럼 정신은 마비된 채 완전히 무방비 상태였습니다.

생명체의 은밀한 작업, 내면의 태동, 미지의 생명 창조, 난산, 몽롱한 의식, 기대감, 나는 번데기처럼 때로는 선녀처럼 잠을 잤습니다. 내 안에서 새로운 존재가 형성되어가는 대로 맡겨둔 채 방관하였습니다. 그 새로운 존재는 이미 나와는 전혀 다른 개체였습니다.

나의 머리 속은 온통 무거운 구름이 뒤엉킨 뇌우로 가득 찬 하늘과도 같았습니다. 숨쉬기조차 어려운 진공 상태에서 모든 것이 불안스러운 표정을 감추자, 울적하게 창공을 뒤덮어 가리고 있는 그 침침한 가죽 물자루를 찢기 위해서 번개불을 기다리고 있었습니다.

왕복 차표가 없는 인생

'인생에는 왕복 차표가 없다. 한 번 떠나버리면 다시는 돌아올 수 없다.'

'인생을 다시 시작할 수 있다면……'

'그때 그 시절로 다시 돌아갈 수만 있다면……'

하고 한탄하는 사람이 있지만, 지나간 인생은 수정이 불가능하다.

잘못 쓴 문장을 다시 고쳐 쓰듯 추고 또는 퇴고를 할 수 있다면, 잘못된 활자를 찾아내듯 자신의 삶을 교정할 수만 있다면, 누구나 멋진 인생을 다시 꾸밀 수 있을 것이다.

그러나 우리가 태어날 때 받은 인생이란 차표는 한번 떠나서는 돌아올 줄 모르는 길을, 죽음이란 종점까지만 태워다준다.

'실패가 적은 인생, 후회가 없는 인생'을 살려면 얼마나 빨리 자신의 삶에 대해 충고나 수정을 하고 어떻게 교정을 바르게 보느냐는 노력 여하에 달려 있다고 할 것이다.

∨∨∨

작은 인생론 | 인간은 생의 마지막 문을 통과해야 한다

죽음이란 표면적인 생, 보잘 것 없는 삶으로부터 열려 있는 문입니다. 우리의 생에는 많은 문이 닫혀 있습니다. 그 생의 문을 하나씩 빠져 나올 때마다 또 다른 생과 만나게 되는 것입니다.

보다 깊고 영원한 생, 죽음이 없는 생, 불사不死의 생, 그러므로 실제로 죽는 것 이외의 아무것도 아닌 이른바, 생이라고 일컬어지는 것에서 사람은 죽음이라는 문을 빠져 나가야 하는 존재입니다.

그때 비로소 인간은 진실로 실존적이며 활동적인 불사의 생에 도달하는 것입니다. 그러나 그 생의 문은 매우 의식적으로 통과해야 하는 고통이 따르게 마련입니다.

사람은 죽을 때 반드시 무의식이 됩니다. 인간은 죽음을 몹시 두려워하고 있으므로 죽음이 찾아오는 순간 무의식이 되는 것입니다. 그 순간 인간은 무의식 상태에서 생의 마지막 문을 통과하는 것입니다.

그 심연의 세계가 있은 후, 우리는 두 번 다시 죽음과 관계를 갖지 않습니다.

삶과 죽음의 차이

그리스 신화에 타르타로스라는 지옥이 있고 엘리시온이라는 낙원이 있다.

타르타로스 지옥의 주변에는 여러 갈래의 강이 흐르고 있는데, 그중 아케로 강에는 카론이란 나룻배 사공이 있었다. 이 사공에게 동전 한 닢의 배삯을 치르지 못하면 강을 건널 수 없었다. 그래서 죽은 사람의 입에 동전을 한 개씩 넣어주게 되었다고 한다. 하지만 객사를 했거나 가난하게 죽은 영혼들은 동전이 없으면 이 강을 건너지 못하여 정처없이 떠돈다는 것이다.

∨∨∨

작은 인생론 | 나란 존재는 공간과 시간의 지점이다

지금 내가 서 있는 공간의 한 지점에, 바로 이 순간에 한

점과 같은 위치를 점령하고 있습니다. 이때 나의 존재는 공간과 시간이 십자형을 이루고 있는 지점으로 밖에는 생각되지 않습니다. 나는 두 팔을 힘껏 벌리며 말합니다.

"저쪽이 남쪽이고, 이쪽이 북쪽이라고……."

나는 결과적인 존재이므로 원인이 될 수도 있습니다. 결정적인 원인이 될 수 있는 두 번 다시 있을 수 없는 기회! 나는 존재합니다. 그래서 나는 존재 이유를 찾아내고 싶은 것입니다. 나는 알고 싶습니다. 왜 내가 살고 있는가를.

어디서 왔다가 어디로 가는가

멀지 않아 모든 것은 하나씩 사라져 갈 것이다. 어리석고 천재적인 전쟁도, 적을 향해 악마처럼 퍼져나가는 독가스도, 콘크리트의 견고한 광야도, 그리고 덤불의 가시보다 더 날카로운 철조망도, 수많은 인간들이 괴로움에 떨며 쓰러지는 죽음의 요람도, 무분별하게 지능을 쏟고, 무한한 노고로 비열한 계교를 써서 쌓은 성공의 탑도, 땅과 하늘과 바다에 쳐놓은 죽음의 그물도 멀지 않아 사라져 갈 것이다.

그때 세계의 역사는 끝난다. 피와 경련과 허위의 홍수와 함께 과장된 역사는 쓰레기가 떠가는 강물처럼 세상의 수많은 표정은 사라지고 끝없는 탐욕도 가라앉고 인간들은 잊혀져 갈 것이다.

하지만 인간의 역사가 사라져간 뒷자리에 어김없이 산은 푸른 하늘에 머리를 묻고 밤마다 별은 빛날 것이다. 쌍별자리, 카시오페리아, 대웅좌, 이것들은 스스럼없이

운행을 반복하고, 나뭇잎과 풀잎은 은색의 아침 이슬에
빛나고 밝은 날을 향하여 푸르름을 더할 것이다.

그리고 끝없이 불어오는 바람 속에서 파도는
바위와 모래 언덕으로 물결칠 것이다.

∨∨∨

작은 인생론 | 우리는 생명의 유래를 알 수 없다

우리는 어디서 와서 어디로 가는 지를 알 수 없습니다. 과학자, 신학자들도 이 물음에 대해서 만큼은 대답할 수 없습니다. 물론 대답할 수 있다고 단순히 생각하는 사람이 없는 것은 아닙니다.

'존재에 도달하지 못하는 이 생명의 능력은
어디서 와서 어디로 가는 것인가?'

생명은 우주의 신비입니다. 생명은 하나의 에너지이며
이 에너지는 스스로 증가하며, 그 과정에서 새로 변화하는
형식의 무한한 체계를 건설하게 되어 놀라운 재능을
가진 동물에까지 도달하는 것입니다. 하지만, 우리는
어디서 와서 어디로 가는 지를 알 수 없습니다.

천국과 지옥

너무 너무 바빠서 눈 코 뜰 사이 없는 사람이 있었다. 회답을 못한 편지가 산더미처럼 쌓여있고, 약속은 밀려있고, 처리해야 할 일이 너무도 많았다.

집은 잔디 깎을 시간이 없어서 정원이 덤불처럼 엉켜 있었고, 아무 일없이 빈둥빈둥 노는 사람이 얼마나 부러운지 몰랐다.

어느 날, 그 사람이 잠깐 눈을 붙인 사이에 꿈을 꾸게 되었는데, 꿈 속에서의 그는 아주 멋진 사무실에 앉아있었고 편지나 서류 한 장 없는 깨끗한 책상은 메모도 없고, 처리할 일도 없었다.

창밖을 보니 잔디는 깨끗이 손질되어 있어 고요하고 아늑함이 마치 천국 같았다.

"아, 이것이 바로 행복이구나.

하고 생각했다. 그런데 갑자기

"내가 무엇을 하고 있지?"

하는 생각에 사로잡혔다.

그때 마침, 매일 오던 우편 배달원이 오늘은 자기에게 들리지도 않고 그냥 지나가는 것이 보였다. 우편 배달원을 불러서 물어보았다.

"여기가 도대체 어디지요?"

"아직 모르셨습니까? 여기가 바로 지옥입니다."

하는 것이었다.

∨∨∨

작은 인생론 | 희생 없이는 부활도 없다

모든 긍정은 자기 희생으로 되돌아가는 흐름입니다. 당신이 자신의 내부에서 포기하는 일은, 새 생명을 찾는 하나의 방법으로, 자신을 긍정하려고 희구하는 스스로를 부정하며, 스스로를 포기하려는 자신을 긍정하게 되는 것입니다.

완전한 소유란 증여 이외에는 입증할 수 없습니다. 당신이 줄 수 없는 모든 것은 스스로를 포박하는 것이며, 희생 없이는 부활도 있을 수 없습니다.

당신이 자신 속에서 보호하려고 애쓰는 노력은 오히려 그대를 위축시키는 상실감뿐입니다.

섣달 그믐날의 생각

연말연시가 되면 막연히 '새해에는 더 좋은 일이 있겠지.'하는 기대감을 갖는다. 하지만 에리히 케스너의『인생처방시집』에 나오는 '섣달 그믐날을 위한 격언'이란 시를 보면, 우리의 삶을 세월에 맡겨서는 안 된다고 경고하고 있다.

병든 말 같은 세월에 꿈을 맡겨서는 안 된다.
세월에 너무 무거운 짐을 지게 하면
끝내는 녹초가 되어버린다.

계획이 화려하게 꽃필 때일수록
곤란한 일에 몰린다.
그럴수록 인간은 노력하려고 결심한다.
하지만 끝내는 진퇴유곡에 빠진다.
수치심 때문에 발버둥쳐도 도움이 되지 않는다.

이것저것에 손을 대어도
전혀 도움은 되지 않고 손해만 볼 뿐

세월에 맡긴 남루한 꿈을 버리고
마음가짐을 새로이 할 일이다.

∨∨∨

작은 인생론 | 나를 위한 기도문

나는 황폐한 제단 앞에서 흔들리고 있는 작은 등불입니다.
지금 알 수 없는 의문과 그림자에 떨고 있습니다.
어둡기 전에 길을 잃는 것이 아닌가 두려워하고 있습니다.
당신과 같이 괴로워하고 있습니다.
길은 멀고 목적지는 아직도 먼 저쪽입니다.
두 다리는 떨리고 몸과 마음은 지쳐 있습니다.
마른 입술은 이제 노래조차 부를 수 없습니다.
배낭 속에는 희망마저 사라지고 말았습니다.
나는 허무하게 주위를 헤매이고 있습니다.
오래 전부터 길에 대해 안내의 말을 걸어주는
친절한 나그네조차 만날 수 없습니다.
목마름을 가셔줄 샘을 발견할 수조차 없습니다.

그러나 나는 외톨이라고는 느끼지 않습니다.
여기저기 오솔길에서 나와 같은 괴로움을 지닌 형제들이
저녁 노을이 내리고 밤이 다가오는 가운데
안개 속을 헤매였다는 것을 알고 있기 때문입니다.
행복하거나 괴로워하는 당신이여!
그들이 진리를 구하고 있다는 것을 알고 있습니다.

나는 쾌락 앞에서 타고 있는 작은 등불입니다.
타오를수록 쾌락에의 목마름은 점점 더해 갑니다.

"쾌락이여!
너의 시대와 함께 그 이름을 고쳤지만
그 변하지 않는 미소의 매력적인 그늘에서
너의 얼굴을 감출 수가 없구나.
쾌락이여!
네 앞에서 나는 청춘의 향기를 간직했다.
너를 위해서는 나는 희망의 불을 밝혔다.
너와 더불어 모든 길을 방황하며 걷고
너에게서 금방 지나가 버리는 도취를 희구하기도 했다.
죄와 잘못을 너로 해서 기르고
네 속에 일체의 희망과 신뢰를 두고,

너의 미친 모습에서 나의 생명을 느끼려고 하고 있다.
그러나 너는 약속한 행복을 언제까지나 감추고 있다.
숱한 나의 시간 속에서 너는 그 허무한 증거를 보인 것이다.
나는 너에게 기쁨을 구하였지만
발견한 것은 오직 부끄럼뿐이었다는 것을
고백하지 않을 수 없다."

이렇게 하여 등불은 내 생애의 패배를 비춘 것입니다.

나는 가책 앞에서 타고 있는 작은 등불입니다.
타갈수록 나의 마음은 피를 흘립니다.
한밤중에 나는 가끔 돌연히 눈을 뜹니다.
말없이 나의 마음은 나를 부르고 그 속삭임은 어둠을 채웁니다.
그리하여 방 속은 지난날 추억의 환영으로 가득찹니다.
이때 나는 소리치고 싶은 강렬함에 휩싸이게 됩니다.
그런데도 내 음성의 울림이 나를 무섭게 합니다.
그런 까닭으로 나는 어둠 속에서 이름이나 물건을 부르고 있는
나의 마음에 귀를 기울이면서 침묵을 지킵니다.
누가 나를 불 태우고 나의 영혼을 차게 할 수 있겠습니까.
하지만 육체는 침대를 덥게 합니다.
상처마다 작열하는 장미로 찔리고 있습니다.

나는 정열의 우상과 가책의 환영
그리고 장미에 못 박혀 있습니다.
등불이 다 탈 때까지 나는 밤을 지새울 것입니다.
그러면서도 나를 때리는 이 가책 때문에
나를 찢어 놓는 것 같은
이 참회로 해서 일체의 우상을 뚜드려 부수고
아, 신이여!
모든 제단 위해 당신의 이름만을 걸어놓고 싶은 것입니다.
그리하여 오직 부끄러움으로 해서
당신 앞에 엎드려 산산이 부서진 마음을 바치고 싶습니다.